공가에 피는 꽃

이 도서의 국립중앙도서관 출판예정도서목록(CIP)은 서지정보유통지원시스템 홈페이지(http://seoji.nl.go.kr)와 국가자료공동목록시스템(http://www.nl.go.kr/kolisnet)에서 이용하실 수 있습니다.

(CIP제어번호 : CIP2016015425)

문학공원 시선 107

공가에 피는 꽃

서창원 제2시집

문학공원

<시인의 말>

출판이 늦었을 뿐 시는 시간적인 경계가 없어

공가는 사람이 살다가 버린 집이다. 방치된 빈집 주변으로 계절에 따라서 꽃이 피어 빈집을 꾸며준다. 자연의 변태현상으로 빈집은 외관상 아름다움으로 치장한 듯 보인다. 공가는 어느덧 꽃상여처럼 바람에 처연하게 출렁거린다. 이처럼 인간도 마음의 공가를 만들어간다.

인간의 마음에 존재해 있다가 없어지는 상태의 빈 곳이 만들어진다. 인간은 이처럼 의지하고 기대던 것이 어느 때 빈 상태가 된다. 에고적인 정서로서 그리움은 시를 쓰게 하는 씨앗이 된다.

빈다는 것은 원래는 채워 있었다. 채워진 것을 버리기도 하지만 없어지는 것도 있다. 그리고 새로 생기는 것도 있다. 이러한 마음의 통징(痛懲)이 곧 인간 삶의 행태적 사상이며 삶의 영역이기도 하다. 사람들은 절박한 상태에서 욕망을 채우려 한다. 충족에 이르지 못하고 절망하기도 한다. 욕망과 에로스의 충돌로 인간은 더욱 어려운 허망에 빠지기도 한다. 왜 인간이 이처럼 처연하게 욕망의 목표들에 이르지 못하고 절망의 목표에 이르는가. 이를 추적 분석해보는 것이 문학이다.

인간은 누구나 경제와 사회와 정치의 제도에 함몰하여 살아간다. 인간은 변화에 대응하기 위해서 새로운 가치와 충돌한다. 저항과 혁명을 동반하는 충동이 제한된 자유와 충돌한다. 사회는 한 발짝씩 진화하고 바뀌나간다. 1960년에서 현재에 이르기까지 우리는 이 사회충돌의 가치체계를 바로 잡기 위해 시민혁명적 투쟁이 지속되었다. 내 시 중심의 일부를 차지한 세계이기도 하다.

그래서 인간은 문학적으로 시를 통해서 이를 메워보자는 충동을 받는다. 그 충동의 매체로 사랑의 매개가 있다. 인간은 이 사랑의 매개를 가지고 또 다른 충돌을 한다. 그 충돌이 인간만이 만들어가는 에로스의 영역이다. 문학은 인간의 정서적 빈 공간을 메우려는 간절한 욕망이며 소망이다.

나는 지난 60년 동안 생각하고 쓴 시를 엮어본다. 나는 80이 되어 이 시집을 내게 되었다. 과거 40년 동안 나는 국가계획 수립에 종사하였으며 그 후 20년간은 인터넷 문학을 통해서 많은 시를 발표하고 공부를 하였다. 시는 시간적인 경계가 없다. 출판이 좀 늦었을 뿐이다.

2016년 7월　삼송 우가에서

서 창 원

CONTENTS

1부 공가에 피는 꽃

2부 그리움의 분재

CONTENTS

3부 강은 나를 매일 버렸다

4부 바람은 꽃이었네

CONTENTS

5부 꽃피는 소리에 풍경도 우네

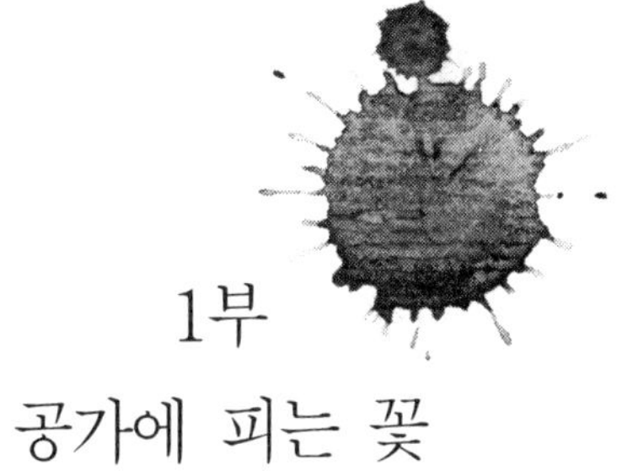

1부
공가에 피는 꽃

공가에 피는 꽃

설씨가 죽은 뒤 공가 담에는 자줏빛 접시꽃이 피어났다 접시꽃이 필 때면 손녀가 찾아오곤 했었다 빈집은 소녀대신 해란초, 참골무꽃, 초롱꽃, 익모초, 쑥부쟁이, 해오라비난초 꽃들이 차지하고 살았다

베잠방이 걸친 허수아비가 밭두렁에서 어영청 어영청 날마다 떠날 때 담배꽃은 천궁을 벌리고 하늘을 빨아 들였다 한 겹씩 잎담배를 달고 담배꽃은 유두의 작은 멍울을 탱탱하게 부풀리며 발기해있었다

경운기가 딸딸거리며 들판으로 꽃을 옮겨주고 담배밭길을 따라 갔다 쿵쿵거릴 때 담배꽃은 꼬들꼬들하게 여물었다

달맞이꽃, 메꽃, 능소화, 원추리, 개불알꽃, 둥글래, 붓꽃, 넝쿨장미꽃은
근조화환처럼 줄을 서서 공가를 차지하고 피어났다

뻐꾹새 울고 까욱까욱 까치 울고 참새 떼 스치며 밀고 지나가는
설씨 공가는 꽃밭 가운데 둥둥 떠 있는 꽃상여였다

꽃상여는 빈터에서 꽃들에 쌓여 어허어허 바람에 울었다
핑핑 지나가는 바람에 울었다

* 스토리문학관 이 달의 작품 (2002.6)
* 시인학교 베스트 (2002.7.31)

광화문

가로수들이 부동자세를 하고 서있다 미국대사관 건너편 세종문화회관에서 관람을 끝내고 사람들은 자동차를 타고 도주한다 광화문 전광판은 도주자들의 행방을 감시한다 무인카메라에 포착되었다 감시용 카메라가 사방에서 주행을 감시한다 제한 속도를 상실한 광화문 차량들은 정체를 먹고 서있다 경제가 분신한다 몇 가지의 부정을 먹고 신문이 가판대 위에서 매춘한다 주간지의 섹스호객행위가 자행된다 민권이 밀려온다 문명이 성토된다 방관자들은 감시당한다 광화문 앞을 가로막고 있던 중앙청이 도주했다 광화문이 탈장되었다 매일 사람들이 빈 공간을 메운다 채울 수 없다 미국 사람들이 쇠꼬챙이를 가로수에 먹였다 가로수는 걸어갔다 쇠 징 울음으로 걸어갔다 광화문은 비탄으로 밤마다 헤드라이트를 켜고 아스팔트 위에 무지개를 세운다 전광판 아치는 로고의 문명을 갈아 끼운다 자목련 꽃이 경복궁에서 피어날 때 겨우 회생하여 봄이 왔다 개발연대의 빈곤증후군 경제개발 5개년 계획을 쓰레기통에 집어넣었다 IMF가 걸어와서 웃었다 손가락으로 경제를 다룬다 은행이 파산되었다 신용이 개밥이 되었다 도주의 함정 지하철이 땅속으로 주행한다 종각 지하철역으로 시민들은 은둔한다 광화문은 은행나무에 의지하여 서있다 서울이 공명의 울음소리 들으며 앓고 있다 자유의 스크럼에 목을 감고 비둘기들이 광장으로 도주한다 화염병에 질려 서울은 물고기처럼 팔딱거린다 멜라닌 색소로 질곡된 가로수 옆에 오존전광판이 반짝거리며 공포를 알린다 증오와 혐오의 거리가 좁혀진다 차량의 주행선으로 광화문은 팔레트 곡선의 빈부격차를 그래프한다

* 시인학교 베스트(2001. 7. 3)
* 작가네트 주간베스트(2001. 5)

시골길

깻잎 톡톡 불거진 밭길
한밭 건너
빨갛게 고추 맵게 열리는
서당말

개울물 건너갈 때마다
풀독이 든
개구리 뛰어나와
풀숲 속으로 숨는
질경이 박힌
길

푸릇한 대추
구슬을 꿰어 달고
한쪽씩 바람에 익어가는
뒤란

옥수수
장승처럼 수염을 달고
하얗게 웃는 이빨
금이빨
은이빨
드러낸 시골길

* 스토리문학관 이 달의 작품(2000. 8)

당신이 그랬듯이

냇가의 언 살을 비비며
3월 산꽃이 눈을 뜨고
간혹 눈 못 뜬 꽃 멍울도 그냥 두고

제비꽃 민들레 꽃씨들이 속닥이며
긴긴 언 강을 녹이며 봄을 풀어내듯

언 강도 꽃무늬만으로도 녹고 말지
견딜 수 없을 때 그렇게

사랑이 그랬듯이
내 마음에 색깔을 입혀준
당신이 그랬듯이

* 작가네트 오늘의 추천작품(2004.3.7)

내 눈동자 ID는 ,(콤마) .(점) ,(콤마)입니다

내 눈동자 아이디는 ,(콤마) .(점) ,(콤마)입니다
당신이 그리우면 나는 컴퓨터를 열고 당신에게 접속합니다

당신이 보고 싶으면 나는 인터넷을 열고 들어갑니다
알 수 없는 영역에서 나는 당신의 행방을 찾습니다

내 아이디는 점으로 찍어둔 ,(콤마) .(점) ,(콤마)입니다
당신 그리움도 내 마음에 점으로 찍어둔 기호입니다

당신이 그리우면 나는 , . ,를 찍습니다
, . ,를 처넣어도 그리움 판은 열리지 않습니다
, . ,
, . ,
, . ,
당신 그리움은 , . , 입니다
몇 번을 클릭해도 그리움은 배너처럼 점멸합니다

* 작가네트 작가들이 뽑은 시(2002)

내 뿔테 안경

내가 벗어 놓은 뿔테 안경 볼록 렌즈는 초점을 잃고 안락의자 위에서 놓여있다 제로의 시야에 접사한 TV의 그림들은 희뿌연 연막으로 초점을 잃고 명멸한다

거리와는 관계없이 촉각을 세우지 못하고 렌즈 안으로 들어온 빛이 방안을 감싼 벽을 차단한다 스티로폴의 방음벽에 반사하여 초점은 제로로 돌아간다 일그러진 내 모습이 미니추어 되어 갇혀있다

아주 작은 반 타원형의 내 모습은 찌그러져 있다 늘 환하게 보이는 이 세상에서도 나는 안경을 쓰고 도수를 높인다 근시의 도수를 벗기며 벽안에 채워진 대낮의 하얀 양수를 터뜨리고 나온다 오목파인 렌즈 안에서 기어 나오려한다

물질의 변형으로 나는 빛을 환성한다
내 세상은 오목렌즈에 압축되어있다
누구에게나 같지 않은 렌즈를 나는 걸치고 있다
벽에 부딪치는 절망들이 내 안경 렌즈를 연마한다

아침의 찬란한 빛의 언덕이 열린다 오목한 가성근시의 자궁을 헤치고 나온다 내 코에 걸린 안경은 볼 수 있는 거리만 측정한다

* 작가네트 오늘의 추천작품(2004. 1. 15.)

폐차장

1.

폐차장 한가운데 마일 메타가 눈을 뜨고 살아있다 찾고 있는 실종을 향해 눈을 뜨고 있다 두리번거리는 사이 바퀴는 공중에서 헛돌며 마일 게이지를 들여다본다 주행 중인 정지의 폐차된 차량들이 납작하게 찌그러져있다.

2.

바퀴는 토인과 캠버의 맞지 않는 속도 주행의 기하학을 튕기며 돌다말고 서 있다 현대전의 문명의 이기를 자랑하던 오토매틱차량들이 자동으로는 갈 수 없이 골절되어 뼈를 내밀고 베어링을 물고 있다 터진 옆구리에서 흘러나온 톱니바퀴는 어긋난 주행을 갈구한다

3.

충격으로 터진 에어백의 하얀 허파가 바람이 빠진 채 힘없이 흐느적거린다 고무풍선의 좌절을 달고 폐차된 차량은 핸들을 조작한다 주행 장치들의 탈골로 시동이 불가능한 뼈마디들이 털털거리며 운다 주행을 정지한 폐차들의 매연 냄새가 가스통에서 흘러나온다

4.

안전유리창은 나이테처럼 원형으로 깨진 채 반은 허공에 걸려 유리 꽃을 피우고 있다

폐차들은 압축기의 해머로 내려친다 차량들끼리 폐차들끼리 부딪기며 쇠 소리의 금속성을 지르며 탄원한다 용광로의 불길 속으로 들어갈 연화의 지옥을 떠올리며 폐차들은 헤드라이트를 키며 발광한다 저항의 마지막 눈을 뜨려고 버둥댄다

5.

공간을 수축하던 차량들이 질주를 멈추고 간헐적으로 들려오는 도시의 노사분규 소리를 들으며 컨베이어벨트에 매달린 채 한 달을 버티다 나사 몇 개를 끼우지 못하고 출고된 차량들이 귀를 세우고 노조대원들의 붉은 깃발 소리를 듣는다 붉은 띠의 노동의 깃발 아래서 출고된 차량이 주행의 폭도로 몰려 이제는 처형되었다

6.

차량의 문이 다 열려있어도 승차가 불가능하다 문을 꼭 닫고 달리던 주행의 패자 끝까지 도달하지 못한 문명의 이기는 처형되었다 검은 승용차 붉은 스포츠카 타이탄 트럭이 모두 압축된 동체를 더 분쇄한다 제로섬의 철광으로 다시 환원시키려한다

7.

폐차들은 육시처참 되었다 죽고 또 죽이고 부관침시 되었다 노동의 깃발 아래서 광택을 내고 나온 차량들이 이제는 죽었다 노동의 땀으로 태어난 차량들이 가장 잔인한 죽음을 당했다 노동해방을 부르짖던 컨트리크레인 위에서 깃발 흔들며 아우성치던 투신자살에도 태어나던 차량들이 꺼꾸러졌다

노동의 중량은 감소되었다 문민의 피로 태어난 차량들이 질주를 멈추고 다른 노동에 의해 분쇄되고 있다 노동은 폐차장에서도 노동을 잠식해간다 맹수처럼 굶주린 맹수처럼 노동을 잠식해간다

* 작가네트 오늘의 추천작품 (2004.2.27)

내 몫

나는 사랑이라는 사탕을 받았습니다 그것은 알사탕 같기도 했습니다 빨아먹으면 좋은 것 같았습니다 단맛이 빠지면 달아 없어질 것 같았습니다

녹아버리는 사랑을 잘 간수하고 있었습니다 내 몫으로 받은 사랑을 마음속에 고이 간직하고 있었습니다 그런데 사랑은 점점 내 마음속에서 녹아나고 있었습니다

내가 차지하고 있는 사랑은 어디까지가 내 것인지 그 몫을 구분하기가 점점 어려워졌습니다 사랑은 한 뭉치 같았지만 여러 뭉치 같기도 하였습니다 사랑은 둥근 것 같았지만 옆으로 보면 네모난 것 같았습니다 사랑은 네모가 아니라 세모꼴이었습니다 언제나 삼각관계에서 높이만 알 수 있었습니다

높이는 직선이 아닌 원이었습니다 사랑은 잔인했습니다 사랑은 설탕으로 만든 감방이었습니다 모두 빨아먹고 없애도 층층이 벽을 쌓은 설탕 감방이 었습니다

죽도록 내 몫을 지켜도 녹아 내렸습니다 나는 도적이라 했습니다 그래서 설탕으로 만든 감방에 무기수로 투옥된 것입니다

사랑은 몫이 아니라 했습니다
사랑은 설탕 방이라 했습니다

* 작가네트 굿모닝 선정(2003. 5. 28)

환선굴(幻仙窟)

1.

천억 년의 분화구 문을 열고 나왔구나 종유석(鍾乳石)을 달아매고 암흑을 더듬으며 천만년을 지나 용해의 돌을 삭히고 뿌리를 땅에 내리지 못하고 빈 공간을 만들며 비워 갔구나 채울 수 없는 동공(洞空)을 채웠구나

2.

시간의 뿌리를 허공의 빈 공간에 심었구나 환상의 빛을 돌로 만들었구나

소리가 묻힌 태초의 자궁 안에서 원소들이 공명을 울리며 얽혔구나 미지의 순수 원형의 돌을 구워냈구나

3.

빅뱅의 핵산(核酸) 블랙홀의 미지 블랙 파워의 공동구

장엄한 태초 불의 무덤이었구나 이글대는 열도에 녹아서 형체를 알 수 없이 되었구나 빛의 난사 시간의 굳은 응결을 토해내었구나 비로소 석종유(石鐘乳)가 되기 위해 밝은 해를 거부하고 토굴의 깊은 곳에서 장엄히 잠들어 있었구나

4.

빛을 채우던 지하광장에 무수(無數)를 쌓아 올렸구나 무한(無限)을 덮어놓고 무극(無極)을 연결하였구나 시원(始原)으로 흘러드는 물을 만나고 태초에 뜨는 무지개의 암흑승천을 바랬구나 정지해있던 돌들이 조금씩 녹으며 살빛으로 살이 되기 위해 벗어졌구나 생살이 돋아나는 것처럼

5.

암굴에서 십 억년을 빛이 되기 위해 돌꽃을 피웠구나 물꽃을 피웠구나 울음꽃을 피웠구나 삭히지 못해 다시 돌이 되었구나 돌이 되지 않기 위해 울었구나 뼈와 뼈 속에 시간을 채우고 눈부신 태양 광년을 가두고 숨기다가 작렬하였구나 산산이 무너졌구나 무너졌어도 태반을 버리지 않았구나

빛의 큰 궁궐이여
지구의 신전이여

* 작가네트 굿모닝 선정(2002. 8. 25)

내게 익숙하지 않은 2004년 달력

너는 내게 익숙하지 않다 첫 만남의 두려움으로 너는 서서있다 설치 미술의 획으로 너는 내 앞에 서 있다 한 달씩 통째로 찢어내도 너는 새로 얼굴을 내민다

너는 1에서 31까지의 숫자를 나열해도 그 숫자를 뛰어 넘지 못한다 한 달이 걸려 너를 이해하고 셈을 하였을 때 너는 또 다른 페이지를 넘기며 다시 하루로 돌아간다

반복은 1을 31에 더해도 1이 된다 너는 1에서 시작하며 하루씩 곱한다 1이 되기 위해서 숫자를 먹어 치운다 나는 하루씩 숫자를 먹는다 나는 너를 들여다보며 꼬박꼬박 메모를 하며 기억하려고 동그라미를 몇 번씩 칠해놓아도 너를 때로 잊는다

너를 보는 것이 익숙하지 못해 항상 애인처럼 너를 쳐다본다 말하기 전에 그리고 내가 일기를 쓰기 전에 너는 저만치 달아난다

* 작가네트 오늘의 추천작품(2004. 1. 2.)

눈꽃

겨울 산
두릅나무에도

절길에도 하얀 새밥
초롱초롱 눈꽃 핍니다

산노루 숨은
산속까지

산길이 쓸쓸 해서
눈꽃 핍니다

암자 풍경 우는 산사에
이승꽃 옮겨주고

산새 푸륵푸륵
개울 따라 날아갑니다

산비탈 꽃무덤
눈부신 눈꽃 소복소복 쌓아줍니다

*작가네트 오늘의 추천작품(2004.1.20)

철로 변 아이들

낡은 슬레이트 지붕을 잇댄 집들이
철로 변 국유지를 점령하고 무허가 되었다

신호등 주변에서 소리를 먹고 자라는 들꽃처럼
과외수업을 끝내고 돌아오는 아이들

오후 수업이 끝난 난타처럼
땡땡거리는 신호등과
꽃 등이 섞여서 종을 친다

떡볶이 같은
아이들의 고막을 먹고
기차는 정지의 철로 횡단보도를
가로질러 질주한다

기차의 폭음은
늘 꽃과 같이 섞여
아이들의 동심이 된다

*작가네트 월간 베스트 (2001. .7. 11)

문암리 가는 길

산도 멀리 구름에 덮인 종지봉
산 아래 마을 양지바른 곳에 늘어난 비석
샘가에 앵두 약 올라 달리고
누이 색동옷처럼 산도 꽃도 핀 거야

낮은 돌담 안 훤히 들여다보이는 뜰에
접시꽃 연분홍 붉은 접시꽃
똬리처럼 주렁주렁 피어날 때
물방울 한 손으로 훔치며 울던 누이야

담배꽃 피어날 때
곱던 손 매듭지고
그래도 꽃씨처럼 예쁘던 누이야
살빛처럼 고운 달 아래
박꽃 폈다고 좋아하던 누이야

백마령 산길 없어지고 휑하니 뚫린 터널
산길 첩첩 고개 너머
빨간 여울목 개울둑에 물봉선화
울음으로 피워 두고 간 누이야

* 작가네트 작가들이 뽑은 시 (2002)

작취미상(昨醉迷想)

아득한 것
취해버리면 잊는 것을
아득해도 취해버리면 버릴 수 있는 것을
취해있으면 이 세상 내 것인 것을
어찌 취하지 않고 있으리

한 잔 또 한 잔 하루 또 하루
취하고 깨고 깰 때 또 취하고
술 앞에서는 친구가 되고
술 뒤에서는 욕쟁이가 되고
세상만사 그렇게
앞뒤가 틀리는 것을

술에 취한 듯 깨인 듯
물 흐르듯 한세상 헛짚어도 둥둥 떠서 가고
갈 수 없어도 이 세상 어디쯤인가 홀로 가고

심심해서 한 잔하고 취하면 두 잔을 들게 되고
친구 만나 면 후래(後來) 삼배
더 좋은 친구 만나 면
후래 세배
그렇게 취하고 보면
따듯한 이 세상을 어찌 안 취해보리

어제의 술이 안 깨어도 안개 같은 이 세상
한 술잔에 둥둥 떠서 흘러가고

사모관대 쓴 친구 아들 장가가는 날 축의금 들고 가서 축하하고
축배로 취하고

흰 은사 드레스 입고 시집가는 친구 딸
부케 던져 주고 떠난 빈자리
신부 피로연 장에서 한 잔 두 잔 기울여 취해보고

알딸한 이 세상
어제가 그제 같고 오늘이 어제 같고 내일이 오늘 같은 날
술 먹고 취해보리

* 작가네트 오늘의 추천 작품(2003. 11. 15)

풍화반야(風化般若)

석탑에 하루종일 그림자를 만들던 해도
풍상의 번뇌도 대웅전 처마 끝 풍경소리에
바람 춤사위로 하루를 흐르고

하루 한번 법고(法鼓)소리에 춤을 추는 짐승들
산새들은 운판(雲版)소리에 춤을 추고
어고(魚鼓)소리에 물고기들이 꼬리치는 산

조금씩 돌을 깎아 내려가면 돌부처가 되고
바람 징으로 나를 깎아 내면
내 모습도 절이 아닌가

우르르 쏟아내는 냇물로 산을 닦아내는 절
운무에 떠서 푸석푸석 새파랗게 녹는 풍화반야(風化般若)

돌 틈을 석태(石苔)로 밀랍한 곳에
천년을 기어 오른 독한 파충류
그 모습도 내가 아닌가

* 작가네트 오늘의 추천 작품(2003. 3. 5)

부석사(浮石寺)

부석사 무량수전에 이르는 언덕에는
사과나무에 사과가 만개하여 있다
발그레한 얼굴 내밀고 두려우면 오르지 말란다
한 가지에 얽매이면 아픔의 무게 감당하기 어렵다는
그 무상(無常)의 순리

당간지주 비켜있는 언덕을 오르면
하늘 빛 고와서 무량수전 단청 끝에 물들고
멀리 있는 연꽃 석등 꽃 위에 떠있듯이 맑고
절 뜰에 핀 목백일홍꽃 연붉은 꽃빛 털어 낸다

그 무량의 절에 올라서도 할 말 감출 테면
이제라도 그냥 돌아가란다
무념(無念)이 아니면 담을 수 없으니
거기까지는 오르지 말란다

무량수전 앞뜰에 화접(花蝶) 몇 마리 들락거리며
석등 불빛 옮겨다가 들불 질러대는
꽃판 부석사 무량수전
그 고운 빛 밟고 오르기는
내 마음 겨워라

* 문학과 사람들(feelstory.com)의 좋은 시

소백산으로 간다

1.
단출한 복장을 하고 먹을거리를 가지고
좀 추워지긴 했으나 햇살이 길을 따스하게 지펴주는
태백준령 소백산 길을 달려간다

골짜기마다 아직 늦은 들메꽃 피어 시들어가고
낙엽 한두 개 매단 나무사이로 흐르는
개울물에 비친 하늘과 산 그림자를
냇깔에 빨래처럼 널어놓고 간다

2.
초겨울 산은 점점 비어 가도
감나무에는 빨간 홍시 매단 감나무
종요롭게 나를 기다리다 날아가는 까치
풍요한 겨울을 찾아 떠난다
새야 새야 숲속 길 앙상한 가을
뼈를 맞추고 날아가는 산새야

산새소리 아픈 소백준령 입구
사인암 지나 표고 800m 저수령에서
단 바람으로 내 마음에 산하나 꽉 채우고

3.
두메 빛 너울너울 비용인가 천사인가
날개를 후드득치는 것 같고
겨울 빛 짙은 골짜기마다 누렇게 변한
물푸레나무 싸리나무 은사시나무
잎사귀로 말하며 오물거린다

아,
가고 싶은 준령 위에 들빛 노을 걷어다
자운(紫雲)령 만들어 칠하고 그곳을 찾아가리

4.
친구들과 어깨 부딪치며 친구들과 시를 읊으며
오색 빛 우정을 친구들 마음에 땀땀이 수놓으며
사랑만큼이나 눈물만큼이나 고되게 살아온 나날을 잊고
술을 마시며 취해보리

술잔 위에 낙엽 한 장 띄워 우정 한 입 건져내며
그 술에 취하면 건배하여 마시고
더 취하면 눈물 훌훌 쏟아버리고

5.
그렇지 한 세상 친구가 없다면 어이하리
친구야 사랑도 이야기하고
슬픔도 이야기하고
술 주정도 하고

그렇지
친구야 이 세상 친구가 없다면 어이하리
더 쓸쓸해서 어이하리
더 눈물나서 어이하리

나 친구들과 소백산으로 간다

* 작가네트 오늘의 추천 작품(2003. 11. 21)

아무것도 묻어둘 순 없군요

오늘은 내일이 있고
내일은 기다림이 있어요
기다림이 그냥 스쳐갈 때

오늘을 보내는 지루한 시간
기다림이 사무쳐 그런가요
천 개의 눈을 뜨고 있어도
해바라기는 노을 속에 묻힙니다

속내의 마음도 알알이 여무는
내 안의 긴긴 강 끝에
무엇을 묻을까 생각합니다

아무 것도 묻어둘 수 없군요
내가 묻어둘 것이 있다면
그리움의 표백된 하얀 포말

내 심박동을 돌려주던 당신
온 몸에 송송히 그리움 뿌리를 박고

어느새 내 살이 된 당신 그리움
그것만 당신이 허락한다며 묻어둘 게요

*작가네트 작가들이 뽑은 시 (2002)

휘몰이 돈 휘몰이 데모

1.

각목 쇠 파이프 쇠꼬챙이 새총 화염병 휘두르며 데모대는 종로에서 광화문으로 돌진한다 청년 기동 경찰대원들이 방파막을 들고 막아선다 피할 수 없는 대결 누구 집 아들과 건너 집 아들 대결이 아닌 대립의 총파업 언제나 밀리는 것은 국록을 먹은 전투경찰 혈투와 격돌 그리고 매질이 자행된 백주에 활극이 군사독재 때부터 시작하여 문민정부 국민정부 그렇게 변해도 데모대는 변하지 않았다

2.

화염병을 투척하는 일과 최루탄을 발사하는 연막 사이에서 도주가 있었다

눈물을 흘리며 불구덩이에서 도망치며 신음하는 아들들은 투혼으로 밀어붙이며 1960년대 이후 40년간을 치고 때리며 부수고 불 지르고 그래도 고속도로를 건설하고 자동차를 수출하고 유조선을 만들어 팔았다

3.

쌀을 먹기 싫어서 농가는 파산되고 쌀이 남아돌아서 창고에서 썩어가고 북한에 식량원조를 주고도 남아서 개돼지에게 준다하니 이북에서 그게 정말이냐고 물어 왔다 30년간 독재에도 쌀농사는

풍년을 안겨주었다 쌀 대신에 아이들은 햄버거를 먹고 비만증에 걸리고 라면을 먹어도 비만증에 걸린 초등학교 아이들은 30%가 비만아이다 깡통을 들고 다니는 남한 아이들이 어째서 살이 찌고 비만해지느냐고 북한 인민이 물어왔다

4.

남자 어른들은 뱃살을 빼느라고 러닝머신에서 날마다 뛰며 몸태질을 하고 여자 어른들은 궁둥이 살 빼려고 불가마에서 가랑이 벌리고 불꽃을 집어넣고 살찌는 것이 지겨운데 이북 사람들은 대꼬창이같이 삐쩍 말라 비틀어져서 남한사람하고 회의를 하면 한 시간을 버티지 못하고 어지럼증을 앓는다 회담은 늘 깨진다 지구력이 없어서다 그들은 남한을 부러워하는데 어떻게 하면 그렇게 할 수 있느냐고 물어왔다

5.

대답은 간단하다 늘 데모하고 때려 부스고 까부수고 밀어붙이고 빨간 띠를 두르고 쟁취하면 된다 자유를 쟁취하는 것이다 노동의 자유를 완전 쟁취하는 것이다 투쟁하는 것이다 노동의 자유를 얻기 위해서 쟁취하는 것이다 몽둥이와 각목 쇠파이프와 화염병으로 불바다를 만들면서 자유를 쟁취하는 것이다 휘몰아치며 휘모리하며 덤비는 것이다 공화국의 그늘에서 빈민이 늘어나고

굶는 자 늘어나고 빈민층이 늘어나도 쌀이 창고에서 썩어도 안 준다 이북에는 주어도 남한의 굶는 자에게는 안 준다 그래서 자유경제는 노동의 자유를 쟁취하는 것이다 불평등의 여러 조건을 양산하는 자유경제는 쓰레기통에 넣어라

6.

제기헐 뉴스는 모두 돈 먹은 이야기뿐이다 제발 돈 돈 하지 마라 돈이란 신물이 난다 돈을 준 자는 공갈에 주었고 돈을 받은 자들은 돈독에 올랐고 돈을 숨긴 자는 국회의원이다 돈 심부름하면서 반은 떼어먹고 반은 돈 세탁해서 발라먹고 조금은 정치자금으로 썼으니 장부가 있으면 조작이다 돈 명세서 달라하는 바보가 이 세상에 검찰이라니 바보다 돈 장부가 어디 있나 바보 같은 멍청이들이지 돈을 먹을 놈들은 털도 뽑지 않고 먹기 때문에 흔적이 없는 거야 돈은 돌아가는 휘몰이야 누가 돈을 쌓아두었다고 거짓말하나 돈은 돌고 도는 거야 제발 돈 뉴스는 그만 해라 한국 개망신살이다 돈이 은행 아닌 지하실 창고 사과 궤짝에 나뒹구는 나라는 아마 지상에 없을 거다 돈 국수주의나라 돈 국회의 나라 돈 놈들 지랄 그만해라 하루에 필요한 돈은 라면 한 봉지 50원이면 그만이다

＊ 작가네트 오늘의 추천작품(2003.11.17)

2부
그리움의 분재

퍼즐 에피트미아

조각조각 난 퍼즐을 맞춘다
복원을 위해 에피트미아[1]의 퍼즐을 맞춘다
분리와 결합
그리고 결합과 분리
>>>> +
<<<< _
반복은 욕망이다
철저한 자기중심으로의 회귀방정식
탄성의 퍼즐
+ >>>>

_ <<<<
육체와 영혼은
분리와 결합을 할 수 없다

1) * 에피트미아: 육신적인 사랑과 욕망을 서로 탐함

욕망은 어떤 것으로도 대체불가능하다
사랑도 내가 알 수 없는 퍼즐이다
<<<<<
>>>>>
뜯었다
붙였다
그것만 가능하다

* 월간 <스토리문학> 2005 9월호

유료(有料)

1.
이 세상은 다 유료야 싸구려 삶도 다 유료야
똥 누는 것도 다 유료야 참을 수 없는 것은 다 유료야

2.
애간장을 녹이는 사랑은 무료 같지만 아냐 아등바등대는 것은 다 유료야 사람들은 인생을 세일해도 안 팔려 목을 잡고 늘어져 물귀신이야 정말 사는 것은 물귀신이야

3.
완전 무료가 하나 있어 슬픔이야 그냥 하고 싶은 대로 울면 돼 인생은 처음부터 슬픈 울음이거든 울지 않으면 더 쓸쓸해 처음부터 슬퍼해 사랑도 슬프게 시작해 그리고 슬픔으로 끝내봐 그러면 사랑은 가면을 벗을 수 있어

4.
몸뚱이 하나가지고 살려 하지마 누구나 몸뚱이는 섹스 통이야 술처럼 펴 마셔도 쏟아내도 공짜처럼 몸뚱이에 다시 고여 샘솟듯이 펑펑 쏟아져 그러다가 몸뚱이끼리 비벼대다 그만 빈 통이 돼

빈 통이 되면 퉁퉁 소리 내지 누가 와서 몸 부딪치면 더 요란하게 울어 몸뚱이는 울음통이라 했잖아 처음부터 그냥 슬퍼했으면 막장에서 그렇게 슬픈 장고로 울진 않았을 거야

5.

장고를 치고 때리면 소리는 더 크게 속으로 울려 퍼져 사람들은 그렇게 아등바등 유료 인생을 사는 거야 때리면 울고 치면 맞고 얼룩얼룩 눈물자국이 있으면 손수건으로 훔치고 지척에 있는 사랑도 잡지 못해 안달하다 그만 상사야 병들어

겨드랑이에 꼬깃꼬깃하게 감추어둔 노자 돈도 다 뺏기고 산비탈 개 양육 장에 갇힌 개들처럼 혀를 내밀고 식식거리며 빨간 눈깔을 굴리지 사람도 개들처럼 목에 명줄을 매고 있어

그러다 뼈를 추리는 화장터에 친구 뼛가루 으스러지게 빻아 달라고 돈주지 안아 죽어도 유료야 산묘 어디에도 꽃들처럼 그냥 머물러 있지 못해 모두 유료야

* 월간 스토리문학 2004년 6월호

겨울 눈

눈이 내린다
소복한 발걸음 소리 내지 않고
눈이 내린다

눈이 오는 길은
아무 데도 발자국 내지 않고 오나보다
발자국 모두 지우고 오나 보다

나무 가지를 잡고 날아오기도 하고
안마당 장독대 앞 까치 발자국 지우고
오기도 하고

누이 장 뜨던 뒤 곁에
하얀 히아신스[2] 꽃밭 만들어놓고
오기도 하고

---

2) * 히야신스: 히야킨토스라는 미소년을 아폴로는 참 좋아했다. 어느 날 아폴로는 그와 함께 원반던지기 놀이를 하고 있었는데 이를 본 바람의 신 제피로스는 시기한 나머지, 그만 아폴로가 던진 원반이 방향을 바꾸어 히야킨토스 머리에 맞게 해서 히야킨토스는 그 자리에서 즉사하고 말았다. 아폴로는 그의 죽음을 슬퍼해서 그를 땅에 고이 묻었는데 그 무덤에서 곱게 피어난 꽃이 바로 히야신스이다.

오는 길을 모두 지우고 오나보다
오는 길을 모두 땅에 묻고 오나보다

* 작가네트 작가들이 뽑은 시

산 꽃길

산 개울 물소리 멀어지면
높은 산 숲속
백합꽃 박새
흰 꽃을 피운다

미시령 황철봉 가는 숲에
바람을 일으켜
노루오줌 분홍 꽃피었다

저항령 눈측백나무
촘촘히 박아놓고
바람꽃 피었다

부게꽃나무 넝쿨
감아쥐고 오르는
설악의 깊은 계곡물소리

중청봉으로
꽃내 피우는
금강봉맞이꽃

마등령 운해에서 자라는
노란 기린초
구름 꽃 피었다

* 작가네트 월간 베스(2001.5~6)

연가(戀歌)

당신과 죽도록
아련한 빛으로
꽃 굴렁쇠 굴리며 간
먼 하늘

그 먼 꽃밭까지 가서
불꽃 축제 쥐불놀이로
하늘 한쪽 다 태우고

은하수 강물에
띄워 보낸
별로 엮어 마든
꽃배 타고 와서

어느 날
바다에 둥둥 떠 있는
꽃섬이 된
당신

* 시인학교 베스트(2000.4.2.)

사랑의 분별

강둑에 봄이 꽃을 피우는 것처럼
당신도 내 가슴 둑에
사랑을 심어 주었다

꽃처럼 피고 지는 일상의 일처럼
사랑을 생각했다면
이토록 마음이 애처롭지 않았지만

가슴에 사랑을 품고 산 것은
정말 어리석은 일이었다

사랑을 확인하려는 그때부터
사랑은 조금씩 식어 갔다
사랑을 셈하려던 그때부터
조금씩 사랑은 지워지기 시작했다

사랑은 분별이 안 되는 슬픔
내 안의 섬이었다
항상 내가 가고 싶은
섬이었다

* 작가네트 주간 베스트(2001.6.13)

속세 몇 평

산 계곡 냇물은 절을 빗겨 흘러도
속세로 든다
졸참나무, 금강소나무
냇물에 발을 적시고 사는
산그늘 침울한 원통문 산 입구

파랑새 쭈빗 거리며 우는 숲속
속세 경계 그어주어도 알 수 없구나

인고 사리 무덤 부도 비
절 밑에서 표적처럼 금을 긋고
어디를 밟아도 속세 땅
절 뜰 천향(天鄕) 몇 번 밟고

내 몸에 묻혀온 절 향내
쪽동백 환하게 핀 절 밖에서
나는 속세 냄새 짙은
그대 분내 곁에 다시 왔구나

그대여

산에다 속세 몇 평 두고 왔다

그리 편한걸 그토록 편한걸

당신에게도 속세 몇 평 두고 간다

그리워 오게 되면 머물 수 있는 속세 몇 평 두고 간다

* 굿모닝 작가네트(2002.5.29)

자운영(紫雲英) 꽃

함평 벌 보라 빛 구름
둑길에 내려와서
풀꽃을 심고

들 끝에 숨어 있는 봄빛
나비 등 타고 와서
길섶에 꽃불 질러주면
논둑 밭둑으로
맵게 엉겨 번지는 꽃

나비 날아올라서
구름 떼어 붙여주고
들판의 냇물 소리 옮겨다가
진보라 색깔 내주고

돌머리 해풍
바람을 일렁이며 번지는
자운영(紫雲英) 꽃

꽃등(燈)에 불을 켜면
함평만 대도 소도
밟고 오는 남녘의 봄
나비가 되어 번지는 들꽃

* 작가네트 베스트(2001.5)
* 문학리뷰 인기(2001.5)

그리움이라도 있어야겠다

순녀야 네 눈빛 하나 건네 받아
해처럼 가슴에 뒹굴린 것이
이처럼 큰 호수 만들어주었구나

하늘이 높아서 아무도 이르지 못하는 곳이면
그냥 푸른 호수 같기만 해라
하늘이 멀어서 가지 못하는 곳이면
땅에 번지는 금불초 같기만 해라

바람살에 피었다 지는
하얀 파지(破紙)같은 부레옥잠화 같기만 해라
내 안에서 못내 미워서 떠난다면
하늘을 돌아눕는 솔나리 같기만 해라

뭐
눈물 같은 대수롭지 않은 그리움이라도 있어야겠다
너무 서럽거든 나 홀로 간직하는
그리움이라도 있어야겠다

통
씻기지 않는 미움이라면
그냥 내 마음에 불륜으로 머물러
내가 죽도록 아등바등 뼈 속에 스며들어
내 살을 발라내는 그리움이라도 있어야겠다

풀밭에 자주 보라 섞어 피는 달개비 번지듯
내 마음에 그리움 설자리 없다면
무릇(野慈姑)대 바람에 삭는 풀꽃 같기만 해라

* 스토리문학관 이달의 시 선정(2002. 9)

오근장(梧根場) 시골역

오근장역 대합실에는
노인은 봇짐하나 노파는 다라니 하나
아낙은 애를 업고 가방하나

시골 간이역 시간표에 맞추어 열차가 들어온다
해바라기에 숨어있던 가을볕이
우수수 쏟아진다

빨간 신호깃대를 둘둘 말아 쥐고
오곡이 익는 들녘 한가운데서
수신호를 하면 알알이 여무는 가을 나락

역장은 하루에 세 명을 개찰을 하고
심심하면 동네를 돌아다니는 삽살개도 개찰해주고

더 심심하면 혼자서 개찰구를 나가서
선로를 향해 먼 기적을 듣는 역장
막차가 떠났는데도 막차를 기다리는 역장

등꽃, 수세미꽃, 조, 수수 여무는
밭 가운데 있는 오근장역

사람보다 들꽃이 더 많이
기차를 기다리는 시골역

* 작가네트 월간 베스트(2001. 10. 13)

당신에게 전할게 없네

낮은 데서부터 꽃이 피는 걸 보면
봄은 작은 도랑을 포복하여 오나 보다

낮게 기울어진 산을 밀고 내려온 하늘도
옷을 벗고 산수유나무 가지에서 물감을 풀어내고

냉랭한 바람도 머리 풀고
나무 가지에 매달려서 꽃눈을 튼다

자목련 자주 빛으로 봄을 전하는 들에
몰려나온 들나물
달래 냉이 꽃다지
민들레 소루쟁이 씀바귀

양지바른 곳에 돋는
움파 산갓 미나리싹 당귀싹
꽃이 아니라도 봄 눈뜨게 하는 싹은
꽃보다도 들내음 먼저 전해주는
입춘 오신반[3)]

---

3) 움파(葱芽) · 산갓 · 당귀싹(辛甘草) · 미나리싹 · 무싹 등 시고 매운 다섯 가지 생채음식.

산빛에 참나물, 돌나물, 취나물 눈을 뜰 때
새들은 숲에서 울음으로 봄을 풀어내고
개울물소리에 조금씩 깨지는 연분홍 진달래꽃
산으로 들로 봄내 얽어 피어나는 꽃소리

그 소리 제일 먼저 들은 것은 내 마음이었는데
이미 아련하게 들에 풍겨버린 후여서
나는 이 봄에도 당신에게 전할게 없네

* 문학과 사람들 표제시(2001. 5)
* 작가네트 월간 베스트(2001. 5)

나비들의 회유(回遊)

나비들은 늘 같은 회로의 나침반을 따라서 날아왔다 날아오는 길은 정말 볼거리가 많았다 오늘은 꽃상여가 강둑을 따라서 지나고 있었다 꽃상여가 강 속에서도 지나가고 있었다 꽃상여 뒤에서는 울음 우는소리가 들렸다 사람들은 따라가며 울고 있었다

나비는 따라가며 춤을 추었다 울지 않고 훨훨 날아가며 춤을 추워 주었다 꽃상여 꽃에 앉아서 나비는 춤을 추웠다 이 세상은 슬프지 않다고 일러주었다

개천을 지나면서 나비는 훨훨 춤을 추었다 담 위에 핀 콩꽃에 날개를 접고 앉아서 하루 종일 지나가는 사람들을 바라보았다

어떤 사람은 하루 종일 들에서 밭을 갈고 돌아오고 있었다
어떤 사람은 하루 종일 씨앗을 뿌리고 돌아오고 있었다
어떤 사람은 시골 우체국에서 편지를 부치고 왔다
사람들도 나비처럼 들로 읍내로 날아다니며 춤을 추듯이 살고 있었다

낮은 둑길에는 여치들이 벼의 꽃술을 빨아먹고 있었다
자연의 심지는 늘 불이 붙어 타고 있었다
꽃들도 발로 불을 붙이고 있었다
들이 뜨겁게 달아오를 때 나비는 날개 저으며 불꽃을 들길에 뿌려주었다

이 세상은 활활 타지만 타서 죽지 않았다 타서 되살아났다 죽었다가도 되살아났다 사람들도 죽었다가 되살아났다 무덤으로 꽃상여 타고 가서 꽃신신고 돌아왔다 비석을 세워두고 돌아왔다 이 세상은 나비날개에 너울대며 소생하였다 나비들은 이 세상의 목숨을 살려주고 있었다 모두 살려내고 있었다

* 시인학교 추천시(2000. 1. 1)
* 문학리뷰 인기 조회 시

슬픔의 중량

슬픔의 중량은 눈물 한 방울 무게다
콧물 같은 무게다 목이 메는 무게다
혓바닥 같은 무게다
아니다 가슴이 칵 메이는 무게다

슬픔의 무게는 넓이다
이세상 사는 넓이다
이세상 사는 깊이다 아니다

살이 벗겨지는 진통이다
몸부림이다 아니다
발버둥이다 열지 못하는 말문이다
새끼손가락을 깨무는 아픔이다
슬픔은 마음을 뺏는 중력이다

두 손을 잡아당기는 허황의 빛이다
만질 수 없는 기쁨의 도색이다
이 세상을 살아가는 미분이다
이 세상을 보는 불확실이다
내 몸뚱이에서 타는 단백질의 촉수이다

내 체중이 무거워 질수록 슬픔도 살이 쪘다

* 작가네트 월간 베스트(2001. 12. 20)

그리움의 분재(盆栽)

당신의 그리움이
나에게
분재(盆栽)된 후

늘 사랑을 키우며
나에게 뿌리 내린 후

그리움의 나무가 되어
점점 선명해지는
당신

어느 때
당신과 이별이었어도
사슬을 풀지 못하고
꽁꽁 묶여있는 분재나무

눈물이 아니면 크지 않고
슬픔이 아니면 보이지 않는
당신의 그리움

*시인학교 베스트(2001. 8. 13)

들의 소거(消去)

산비탈
뙤약볕에 타는
담배 꽃나무
7월을 피워 문다

흙 담 앞에 피어난
빨간 접시꽃
바람을 채워
넘치는 꽃불

들은 넉넉함으로 채워도
언제나 비어간다

탈탈거리며 경운기가
들에서 마을로 돌아오면
먼 산이 쿵쿵 운다

* 작가네트 월간베스트(2001. 7. 2)

무료(無聊)의 꽃섬

출렁이는 바다처럼 밀려왔다 들을 넘고 개울을 건너 절 안으로 밀려왔다 파도치며 밀려왔다 절 뜰 개화선(開花線)을 넘어서 꽃을 가득 채워주었다 호수의 물오리처럼 목련을 따라 봄이 넘어왔다

채홍의 진달래꽃으로 골짜기 가득 채우며 밀려왔다 산사 종루 밑에까지 넘쳤다 산당화 꽃밭 여울까지 넘실대며 차올라왔다 샘물은 절 빛을 술술 쏟아냈다

그렇게 산릉선을 돌아온 꽃빛으로 채웠다 구름을 덮고 승천의 용마루에서 주절대는 새들이 물어 올리는 안락한 뜰 대웅전은 꽃섬이 되었다

열락(悅樂)의 반점(斑點)
꽃 앓음 하는 무료(無聊)의 섬
석등에 불 달리고 안심(安心)의 불빛 켜놓았다

꽃섬은 환하게 불을 켜고 둥둥 떠서
무상(無常)의 바다에 떠있다
헐어내도 산과 바다 하늘이 한데 어울려
꽃섬은 늘 안락(安樂)으로 충만하였다

절은 울었다
하얀 목련을 염주처럼 달아주고 둥둥둥 북을 치며 울었다
둥둥둥 북을 치며 법고(法鼓)의 울음으로 울었다
두둑두둑 어고(魚鼓)를 치며 먼 바다를 향해 울었다

절도 하루에 한 번씩 울었다
산에서 꽃섬이 된 절도
하루에 한 번씩 울었다

* 작가네트 5월의 명예의 전당 수록작
* 작가네트 월인천강지곡 선정작(2001. 6. 15)

빈집 암자

산비탈에 암자를 짓고 며칠을 살다가
빈터를 두고 스님이 입적하셨다
며칠은 아무도 접근하지 않았으나
얼마를 지나서 빈집임을 알고
새들이 날아와서 처마 끝에서 울고 살았다
새들은 그렇게 울다가 날아갔다
얼마 후에는 산비탈에서 꽃들이 내려와서
조금씩 옷을 벗고 피어나서 있었다
꽃들은 오래 살지 못하고 피었다가 지고하였다
얼마 있다가 바람이 불어와서 문을 흔들고 달아났다
또 바람이 불어와서 창호지 문을 조금씩 찢고 들어와서 살았다
바람이 살 때는 빈집이 조금씩 허물을 벗고 흙벽도 색이 바랬다
얼마 후에는 집 모퉁이에 있는 귀룽나무에서 눈꽃 같이 꽃이 피어났다
날아가던 새들이 눈이 온 줄 알고 날아와서 꽃나무 속에서 살았다
흘러오던 구름도 멀리서 가까이 와서 귀룽나무 꽃을 휘감고 살았다
산속 냇물도 허리를 풀고 내려가며 소리를 냈다
산속은 온통 꽃이며 소리며 노래며

어느 틈에 조용하던 산골짜기가 살아서 움직였다
빈 암자에서는 가끔씩 바람이 불어와서 풍경을 울리고 갔다
산 주변에서 허둥대던 산꽃도
암자 근처에 와서 촛불처럼 불을 달리고
며칠씩 있다가 불이 꺼지면 가고 하였다
빈집 암자는 초록 색깔로 옷을 갈아입기까지
풍요의 날것과 피는 것들이 와서 암자를 지키고 갔다

* 시인의 마을(simaro.org) 보고 싶은 시(2000. 2. 20)

철거(撤去)

언덕바지 풀꽃담을 따라 올라가면 다단계 판매망처럼 얼기설기 꼬인 골목길은 난민촌의 핏줄처럼 사람들이 밟아서 따듯해지는 길

낮에 뜨겁게 달아오른 난민촌 슬레이트를 타고 오른 박꽃 달이 뜨는 밤이면 저승사자처럼 하얗게 더 창백해지고

난민촌 집들은 굴뚝 하나와 연탄아궁이 하나 그리고 방 한 칸 여섯 식구들이 서로 다리를 꼬아 사타구니에 넣고 벽을 베고 잠이 들면 하루 밤사이에 발가락이 콩나물처럼 몇 센티씩 자라는 시루방

굴뚝으로 올라가던 연탄가스는 문설주 틈으로 새어들어 가랑이에서 새벽마다 성기를 발기시키고 그 좁은 방구석에서도 사람들의 윤회의 굴레를 만들어주는 난민촌

안개를 타고 무겁게 배를 깔고 가난과 눕는 연탄가스로 신경이 마비되어 사경을 헤맬 때 김치 국물과 동치미 국물을 마시며 연탄중독증을 토해내던 난민들

부종의 종기 같이 매일 노을 꽃이 피는 산비탈 판자 집
난민들과 같이 살던 달맞이꽃 산60번지 국유지 동리

갈고리와 곡괭이를 들고 발가락을 불도저에 넣고 몸뚱이를 땅에 던지며 철거를 방어하던 난민들이 철거반원들과 대치하며 고성을 치던 그때

개새끼들 산비탈에서 어디로 가랴 하늘로 가랴

씹 할 놈들

난민의 에덴은 불도저로 밀어버렸다

도시는 가난도 밀어내고

앙탈도 밀어내고

도도한 슬픔도 밀어내고

갈고리와 쇠망치의 극한 대립도 밀어내고

봄나물로 몸을 보신하던 하얀 언덕

꽃들이 피어오르기 시작하면 더 배고파지던 언덕

국유지는 소유주에게 돌아갔다

환지의 10평

이 세상 10평에서도 서서 살 수 없는 공동구

난민들은 밀려나서 더 높은 공지의 빈터로 가야했다

* 스토리문학관 이 달의 작품(2001. 12)

홍등(紅燈)

유독(幽獨)의 빨간 달이 구름다리 아래 떴다 산사 불 밝힌 등이 아닌 데 깊어있다 홍등 불빛 따라 들어가면 꽃처럼 예쁜 여인들 천사의 날개를 달고 앉아서 날고 있다

그 홍등의 불빛을 하루살이들은 좋아했다 불빛의 유혹에 쉽게 넘어갔다 하루살이처럼 덤벼들면서 홍등의 불 가슴 먹고 죽어갔다 홍등의 유혹을 칼질하며 시퍼런 가슴을 떼어먹었다

유혹의 마루 지나 오르면 산이었다 깊은 산이었다 그 안은 불나비들이 춤추는 알코올이 흘러가는 깊은 강이었다 불 지르면 활활 타는 액체의 충만으로 넘실대는 강이었다 심지에 불붙이면 타는 꽃 심지였다 밝은 내연의 빛으로 뽑아 올린 심장의 심지에 불붙이며 타는 와사등(瓦肆燈)이었다

황홀한 강 언덕으로 날아 온 새들도 황홀함의 유적지에서 무화과나무를 심기 위해 부리로 명멸을 쪼아대고 있었다 울음으로 반주하며 공명의 울음을 토하며 날개를 파닥였다 날아갈 수 없는 외진 산에서 불빛을 털어 내며 날개 치고 있었다

냇물 흘러가는 아름다운 자연의 환희소리가 들려왔다 길고 긴 어둠의 종언을 향해 냇물소리 흐르며 밝은 속살을 드러냈다

아름다움을 오열(嗚咽)하는 새들은 날개를 치며 날기 시작했다 날아도 떨어지는 추락의 새들은 추락을 물고 일어나도 다시 새들은 추락했다 홍등의 강으로 추락했다 붉은 황토 물 흐르는 강으로 추락했다

깊은 산 속으로 새들은 날아갔다 나무는 잎과 꽃을 피우며 날개를 달고 날아가는 새들보다도 더 많은 기쁨의 훈장을 달고 있었다 나무는 유혹의 꽃을 피웠다 새들은 날아가지 않고 꽃을 탐조했다 가지려고 해도 꽃을 가질 수는 없다 탐조했다

욕망은 채우고 비우는 것을 분별한다 산은 꽃을 피우고 열매를 맺는 것을 기쁨으로 채웠다 산이 깊으면 울음도 깊은지라 새들은 더 깊이 따라 들어갔다 산은 뿌리로 이어졌다

새들은 그 뿌리를 따라 더 깊이 들어갔다 그 안은 어둠이었다 그 줄기를 타고 새들은 다시 깊이 들어갔다 그 안은 절벽이었다 새들은 더 깊이 들어갔다 그 안은 추락이었다 새들은 다시 깊이 들어갔다 그 안은 빈 곳이었다 더 깊이 들어갔다 그 안은 연등절(燃燈節) 불 밝힌 입산금지 팻말이 붙여있는 산사 입구였다

나는 거기서 새가 되었다
벽화(壁畵)의 안쪽으로 날아가는 새가 되었다

* 스토리문학관 이 달의 작품(2001. 2)

3부
강은 나를 매일 버렸다

무상(無常)의 질곡(桎梏)

산 아래 불바다 연옥의 어두움은 밝아 있다
불빛을 숨기고 고독하게
보리수나무에 기대있는 삼각산 도선사 대웅전 앞
수국이 하얗게 달빛을 받아서 밝아지는 뜰

달빛이 깔린 계단을 밟고 오르면
내가 올라도 오르지 못하는
무상(無常)의 빛오름

불빛 무언의 이름에 들어
마음을 비우고 비워도 수면처럼 차오르는 달빛

촛불을 밝혀도 살이 빠지며 드러나는
내 육신은 죄업의 흉상 껍데기
그 옷을 벗고 나면

나는 뼈 그물에 잡혀있는 독거미처럼
요행을 바라며 무엇을 채우고 고민하며
무엇을 바라며 번민하며 내 몸에 담았는가

무상(無常)의 질곡(桎梏)에 갇혀
뼈 그물에 매달린 내 욕망
날개 쳐도 날지 못하는 나는 증오의 무게일 뿐

아 님이시어 나는 어떻게 하리
알 수 없다면 나를 그냥
보리수꽃 피어 그 열매로 염주알 만들어
나를 영생토록 손으로 때 묻혀주소서
나를 만지며 증오의 때 벗겨주소서

* 작가네트 월간 베스트(2001. 6)

육신 장고(肉身 杖鼓)

마음을 누가 살아갈 때
치고 사는 북이라 했나

살아가는 슬픔을 누가
울음의 자명(自鳴)이라 했나

오욕의 벽에 머리 부딪으며
소리 내는 공명(共鳴)
내 몸은 장고

신명으로 때리고 치는
울음을 걸러내는
타악기(打樂器)

내 몸을
비우기 위해 때리면
더 채워지는

나는
울음을 뱉지 못하는
울음의 고막(鼓膜)

＊ 작가네트 월간 베스트(2001. 6. 10)

미루나무 갱목(坑木)

야적장에 쌓아둔 토막 난 미루나무
아침마다 이슬과 햇볕이 접을 붙여
나무눈을 튼다

눈을 뜨고 이 세상에 나온 새싹
음습한 나무 등에서는 독버섯 하나 빨간 불을 켜지만
나무눈의 질긴 원기로
티눈 같은 눈 하나 트고 토막끼리 붙어사는 나무

어느 날 크레인에 찍혀 트럭에 실린 채
태백탄광 막장으로 들어가서
산속 나무 목단꽃 떨어질 무렵
검은 수직탄광에 묻혀 삭아지는 몸뚱어리

갱목이 되어
어둠 속에 갇혀 물기를 빨아먹고
마지막까지 싹을 트는 발아의 이빨
목숨의 질긴 척추를 갱도에 누이고
살을 발라낸 공룡화석 등뼈에 얹혀있는 폐광
어두운 탄맥의 불을 끈 채
긴 동면에 들어간 나무토막

* 시인학교 추천시(2001. 10. 9)
* 시인학교 베스트(2000. 9. 18)

산비둘기

농약을 분무기로 뿌렸다 안개처럼 뿌렸다 곤충들은 농약을 먹고 기절하여 죽었다 메뚜기들은 새끼를 치러 남쪽으로 날아갔다 천수답이 있는 영농 터를 찾아서 날아갔다 농약을 뿌리지 않은 밭떼기를 찾아갔다 농약을 뿌리지 않은 논을 찾아서 헤맸다 어느 사이에 벼멸구가 번식하여 그 밭에도 농약을 뿌렸다 논바닥은 농약으로 치매되어 안개 속에서 벼꽃을 피웠다

죽음의 안개 공지를 헤치고 메뚜기와 개구리들은 날고 뛰어 달아났다 도피의 개구리와 메뚜기들은 다리를 절뚝거리며 강으로 뛰어 들었다 탐닉의 강 익사의 강으로 투신하였다 강은 모두 농약으로 중독된 농무(濃霧)의 강이었다

댐 주변에서 농약 안개가 짙게 번졌다 농도 짙은 안개를 들이마시며 나무도 조금씩 폐를 앓았다 결막으로 아파 왔다 잎이 썩어갔다 나무 점막을 농약이 침투했다 강에는 농무꽃이 피었다 나비들도 농무꽃을 발라먹고 시름거리며 날아갔다 벌들도 꽃술을 뜯어먹고 비틀거렸다

산을 날던 산비둘기 한 마리가 농무를 마시며 비틀거렸다 꽃이 핀 골짜기 개울가에서 소생의 날개를 저었다 산비둘기는 몸부림쳤다 꽃물에도 오염된 개울물을 마시며 점액을 구토했다 필사의 발버둥으로 울었다 날개깃이 빠지도록 몸부림치며 퍼덕거렸다

이 땅에서 산비둘기는 오염의 열매와 농약을 발라먹었다 중금속에 병든 벌레를 먹고 비틀거리며 사지를 틀었다 아픔을 호소하였다 침묵의 나무 잎사귀들만 중얼거렸다 산비둘기는 자연으로의 회귀가 무망했다

죽음의 개울에서 산비둘기는 구토했다. 야성의 비둘기는 발버둥 쳤다 죽음과 야성을 분간하지 못했다 나는 비둘기의 위를 세척해주었다 야성은 점점 중성화(中性化)되었다 야성은 점점 인성화(人性化)되었다 야성은 점점 본성화(本性化)되었다 야성은 점점 인격화(人格化)되었다 야성은 점점 인정화(人情化)되었다

나는 산비둘기를 산으로 데려가서 놓아주었다 비둘기는 창공을 날았다 비둘기는 갈 수 없었다 비둘기는 야성을 포기하였다 무서운 농약의 수림과 개울에서 살지 못하고 비둘기는 귀화했다 야성의 수림대를 피해서 넓은 들과 산을 버리고 하늘과 자유를 버리고 돌담이 있는 작은 내 집으로 돌아왔다

산비둘기는
내 인정(人情)의 공동구(共同構)
자유지대에서
나를 따르며 살았다

* 작가네트 월인천강지곡 선정작(2001. 6. 15)

벽

내가 살아가는 일과는 매일 벽을 헐어내는 일이다
보이지 않는 벽을 헐어버리고 나면
나의 높이보다 높은 벽이
항상 조간신문과 함께 문 앞에 와있다
벽을 허무는 일이란 허망의 벽이었다
허망은 나를 항상 따라다니며 괴롭힌다
벽돌을 쌓아 올리듯이
벽에는 또 그리움의 벽이 있다
늘 헐어내도 누가 와서 벽을 쌓아 올린다
그리움의 벽은 그래도 내가 얼마간은 유추의 발 딛고
올라가서 바라볼 수 있는 높이가 있어서 좋다
그러나 또한 벽이 있다
피 흘리며 찾는 자유는 붉은 띠 두르고
광장으로 가서 목 터져라 하고 불러야 한다
피 흘리며 허물어야 허물어지는 벽이다
나는 아침부터 피씨 앞에 앉아서 그런 불길한 벽을 헐어낸다
겨우 일과가 끝날 즘에 개구멍바지 같이 뚫린
작은 벽 구멍을 통하여 나는 간신히 빠져 나온다

그 벽을 넘어서 귀가한다
또 방안의 벽을 만난다

헐어야 하는 벽이 사방으로 나를 포위한다
거울처럼 내가 벽안에 비친다
나는 처절한 새가 되어있었다
허허 벌판에서 날아온 새가 되어 있었다
날개를 모두 떼어낸 새가 되어 있었다
나는 내 팔에서 잘려나간 날개를 줍는다

나는 아이의 연줄에 날개를 단다
아이의 연에 매달려 벽을 넘어서 날아갈 수 있는
창공을 생각하며 하늘을 생각하며

아 푸른 벽이 또 있다
하늘의 벽, 그 벽은 내가 열 수 없는 벽이다
열려지는 벽이다

내가 연다면 개구멍바지 같이 작은 구멍뿐이다
겨우 내 목숨을 연명하는 날까지
열어야하는 것은 벽에 갇혀있는
아파트의 작은 열쇠 구멍뿐이다

＊ 시인학교 베스트(2000, 12, 7)

클레이사격의 표적

클레이 사격 조준선에서 LMG 일등 사수가 총구를 겨눈다 순간 원심분리기처럼 표적 물질이 솟는다 내 착시를 통과하며 공중에 오른다 나는 표적에 내 의식을 일치시키지 못한다 허공은 무의식으로 열린다 내 긴장은 방아쇠를 잡아당긴다 탄환은 굉음을 내며 내 두려움에 꽂힌다 의식과 식별은 탈선된다

내 초점은 늘 긴장에서 일어난다 초점은 허공을 분실한다 내 난사의 표적은 늘 빗나간다 탄환은 늘 내 오점에 박힌다 곡선을 그리며 탄환은 의도의 구도에서 벗어난다

일정한 곡선, 일정한 거리, 일정한 표적, 일정한 사수, 그 틈에 끼어있는 긴장은 조화에 실패한다 우연의 일치와 공존의 배반이 교차한다 탄환은 방아쇠를 잡아당기는 순간 내 소유에서 벗어난다

내 조준의 목표물은 오발된다 내가 쏜 총탄은 등거리에서 표적을 빗겨간다 무수한 초점이 빗나가는 것처럼 크레이 탄들은 불일치의 원점 안에 발광하며 타원형과 직선을 그린다

타원은 멀리 갈수록 원을 그린다
직선도 멀리 갈수록 원을 그린다
표적은 직선거리에 있다
곡선은 가상적 선이다

클레이 탄환은 타원과 직선을 공유한다
타원과 직선은 내 상상 안에서 일치한다

물질 속에서 클레이 탄은 곡선만 소유한다
나는 물질 속에서 직선만 소유한다

불일치의 표적에 내 의식이 걸려있다
그리움의 표적처럼

* 시인학교 추천시(2001, 10, 9)

보문사 가는 길

외포리 선창은 해협에 낀 포구
바다에서 찍어 올리는 짠물의
갈증으로 바다를 뒤지는 갈매기들
승선을 기다리는데 너울이며 춤을 춘다

추상의 그림 같은 배를 밀어간다
선창을 맴돌면서 바다로 돌아가는
회항의 물살 위에 떠서 가면 포구 어물전
조갯살 맛살을 파는 아낙네들
바다 맛 섬 맛이 울어난다
침이 고이도록 볼 안으로 출렁이는 바다 맛깔을 씹으며

간척지에서 숨어살던 바람이 불어와서 바다를 덮고
민머루 바닷가 갈대들이
소요의 휘파람을 불며 달려온다

강화도 섬의 섬 석모도 낙가산
백팔번뇌 계단 밟고 오르면
불꽃으로 타다 남은 돌로 빚은 마애불상

임의 안에 날마다 뜨는 해도 삭고
임의 품에 해풍도 살다가고
나 여기 와서 석존에 내려놓는 작은 오욕
임은 품으로 받아 줄까 망설이다가
그냥 내 주머니에 넣고 내려온다

역순의 백팔 번뇌 계단을 세어 내리면
그 아래는 파도처럼 출렁이는 아득한 바다
간척지로 소멸한 끝에

소금꽃 둥둥 떠서
햇살에 반짝이며
바람꽃, 안개꽃, 노을꽃 피어난
석모도 염전

소금으로 산화한 햇별이
하얗게 저려져 있다

* 시인학교 추천시(2000. 1. 1)

노제(路祭) 춤

춤추어라 그대들의 영혼을 위해서 광목으로 온몸을 감고
춤을 추어라 마음 죄이며 발끝으로 땅을 딛고 육신을 꽁꽁 말아 감고 원한의 넋을 위해 춤을 추어라 질곡의 그 억압에서 목 졸려 죽은 자의 누명을 벗기며 춤추어라

그대들이여 젊음의 투지여 억울함을 외치던 평화여
가난한 그대들이여 이제 한 줌의 흙이 되어있구나

그대들의 영혼을 달래기 위해 춤을 추어라
몸을 들썩이며 눈물을 몸통으로 닦아내며
천지의 울음으로도 그 원통을 어찌 갚아 줄까
팔을 저어 날개처럼 땅을 딛고 춤을 추어라

혁명의 불길에 몸을 던지며 육탄으로 덤벼들던 처형장에서
원혼이여 이제 들판의 평화를 들고 돋아난 꽃들의 찬란한 아름다움처럼 그대들은 역사의 꽃이 되었구나 찬미의 춤을 주어라 그대들의 희생정신으로 이룩한 자유의 성역이 된 공원묘역에서

울음으로 떼를 덮고 기절하였구나
당신의 늙은 어머니 눈물과 곡소리로 끝나지 않는 원한을 달래기 위해
찬연히 몸을 던져 숭고하게 하늘이 된 당신들을 위해서
영혼을 불러내는 춤을 추어라

당신이시여 듣는가 이 노제의 한풀이 춤을
춤을 추면 신이 나지 않고 더 서러워진다
더 아픔이 복받친다 목이 메인다
죽도록 울어서 이제는 눈물도 메말라갔구나
맑은 눈동자에 어리는 그대들의 젊은 피여 상흔이여
우리들을 눈감게 하라 그 파열의 아픔으로부터 그대들이여
이제는 고이 눈을 감고 영면하라 평화의 땅에서

5월에는 꽃들이 붉게 피는가
실록의 묻힘 속에서 꽃이 있음을 알리고 꽃이 있었음을 보이고
꽃이 산화해 감을 이르도록 꽃도 그러했던 것처럼
육탄의 꽃들이여 당신들도 꽃으로 피었구나
항쟁의 그 벌판에서

그대들을 위해서 춤을 추어라
노제의 거리에서 술 한 잔 부어놓고
거리에서 그 화약 냄새나던 거리에서
보도블록을 맨손으로 뜯어내서 던지던 그 거리에서
돌을 집어던지던 근친살육의 피 무덤이 된 그 거리에서
아스라이 춤을 추어라 잊으려는 날갯짓으로
덮으려는 아량으로

멍울을 닦아내는 도량으로
아 당신이여
이제 그만 춤으로 덮고 날려 보내자

훨훨 꽃술 날리며
땅을 밟아 악령을 몰아내고
하늘보고 원한의 끝 무덤 덮어버리고
평화의 광목천으로 둘 둘 말아서 이제는 더 말하지 말고
친숙의 노제 춤을 추며 날아가자
얼이 서로 만나는 그 곳으로 날아가자

* 작가네트 5월의 베스트 1위(2001. 5)
* 작가네트 명예의 전당 선정작(2001. 6. 1.)
* 작가네트 월인천강지곡 선정작(2001. 6. 15.)

아우토반의 회상(回想)

나는 프랑스의 스트라스브르에서
국경수비대도 없는 라인강을 넘는다
강을 경계로 하는 국경에는 물오리들이 유영하고 있다

아우토반 고속도로를 질주하며 달린다
헐쯔에서 렌트한 피소를 몰고 국제면허의 주행이 시작되었다
드링드링 첫사랑의 이별이 있었다는
하이델베르크의 라인강변을 향해
아우토반을 달려 초원을 뚫고 간다

초우의 빛이 넘실대는 구릉을 지나
라인의 물 굽이치는 강을 따라 달린다
라인강을 달리면서 나는 가슴으로 울고 있다

왜
조국이 너무 가난해서다
조국이 너무 척박해서다
조국이 너무 좁고 답답해서다

광활한 구릉으로 이어진 초원의 언덕들
풍요를 일으키며 구르는 태양
온화함 속에 풀빛은 더욱 빛나고
방목장에서 풀을 뜯어먹고 있는 양떼들은
나보다 더 평화로움을 누리고 있다

아
저 초원에서 유유히 풀을 뜯고 있는 짐승들이
나를 울게 하고 있다
평화스러운 짐승들의 반추
내 조국은 짐승들이 살아가는 땅만 못한가
나는 복 바치는 울음을 참으며 달려간다

바덴바덴
코리아의 올림픽을 선언했던 그 라인강변의 도시
아우토반은 우리의 번영을 일으켜준 심벌의 도로이다
독일의 부흥을 일으킨 기적의 도로를 달린다
속도 무제한의 도로
제한이 없는 자유의 질주
그리고 자유를 얻는 도로
또 다른 기적을 일으켜주는 도로를 달린다

라인강을 따라서 국경이 되고
라인강을 따라서 번영의 밭이 되고
젖줄이 되고
유럽의 문명을 일으켜준 아우토반
나는 달리면서 서럽다
지구상의 옥토 이곳에 뿌리 내리게 한 라인의 용트림을 본다

신의 차별 억만년을 살아도 변하지 않는
신의 불용설이 된 내 조국을 어떻게 개발할 것인가
태양이여 이 라인강을 따라 뜨고 지는 태양이여
나를 당신의 노예 되게 하라
내가 조국을 위해서 할 수 있는 것이 있다면
나는 나를 바치게 하라

내 조국에도 초원을 주소서
방목의 넓은 초원을 주소서
기적을 만들어낼 수 있는 강을 주소서

지구상의 유일한 분단의 벽
극지의 비무장지대
나는 가슴으로 울고 있다

국경이 없는 자유지대를 달리며
유로의 통일을 보며
그대들의 위대한 창달의 목표
인간의 숭고함을 낙원으로 하는 그대들의 너그러움에
나 코리아의 서울에서 여기까지 와서
그대들의 무한 자유의 통합을 본다

하이델베르그 고성에
빛이 일어나는 구나
정원의 고목나무에서 잎이 살아나는 구나
낡고 오래된 고성의 앞뜰은 낙원이 구나
나는 억만년 전의 태양이 내려왔던
태초의 평화를 딛고 있다

내 조국에도 이와 같은 평화를 주소서
내가 가져 갈 수 있다면
소생하는 나무뿌리를 주소서

바람에도 견디고
홍수에도 끄떡없는
땅을 덮고 지키며

옥토를 가꾸는 뿌리를 주소서

태양이여
빛이소서
내 나라 어두운 곳을 빛이소서

* 작가네트 주간 베스트(2001. 7. 21)

시골 천주교회

비탈길을 올라가면 무화과 열매 익는 초가을 푸른 하늘을 누르고 우뚝 천주교회가 솟아있다 밭 가운데 성당 탑 십자가에 구름이 걸려 하늘을 매어 놓았다

여름 잡풀에 둥둥 떠 있는 교회 이층 베란다 오르는 계단 갈라진 틈에 쑥대 민들레 꽃대 허망하게 날아갔다 종루에는 아침마다 울리던 성당 탑이 창공에 떠 있다

도시 구획정리로 밀려나는 일부 교회의 을씨년스런 철거지 퇴락의 가을을 향해 순수 믿음이 무성하다 불도저로 밀어내야 할 정원수 한 그루 퇴락의 가을을 휘어잡고 서있다

유리창에 새겨진 샤갈의 판화 그 찬란한 영혼의 메시아 낡은 색감에 조금씩 벗겨진 유리창으로 태양은 직선으로 햇볕을 내리쬔다 빈 의자 위에 놓여진 일요교회 예배 진행순서 타블로이드에 적힌 음계를 누르며 파이프 오르간이 연주되고 있다 웅장한 코러스 천사의 소리 멀리서 들려온다

종요로움을 풍선으로 매달고 솟아오른 시골 아파트 틈 사이에 십자가는 언덕 위에 오른 가을을 칭칭 감아쥐고 있다 천주교 꽃뜰에 피어난 붓꽃으로 덧칠하는 교회 총총히 유자열매를 달아매고

수녀가 되고 싶었던 그녀가 꿈꾸던 푸릇함 아직도 말하지 않는 마리아님은 천사의 날개 두른 채 시골성당 풀꽃 동산에서 천주님의 말씀을 수놓고

불볕이 고추를 빨갛게 매설한 밭에는 가지 꽃 끝에 가을이 매달려 풍선처럼 부풀어있다

* 스토리문학관 9월의 시 선정(2002.10)

공지 · 1

푸릇한 풀들이 소리 내서 울다 돌아간 공지에 날마다 해가 와서 죽었다 뿌리를 묻어두고 해는 죽었다 바람이 일렁이며 지나가다 해를 먹고 취해서 풀을 토하고 바람이 머물러 살다가 풀꽃을 피우고 바람은 그렇게 아무도 없는 곳에서 살았다 날마다 해가 뜨기 전에는 안개가 밀고 와서 풀섶에서 머물러 살았다 보이지 않는 공지의 내해를 향해 들어가는 입구를 찾지 못해 안개는 풀을 먹고 살았다

날이 갈수록 거칠어지는 풀 마디에 찔려 바람은 상처를 입고 달아났다 유월의 벌판을 향해 달아났다 공지의 원점으로 돌아온 나비들이 춤을 추다 꽃에 취해 살았다 공지에는 몇 포기 들꽃이 이주해왔다 단출하지만 공지는 늘 아늑하였다 누구도 바라보지 않는 곳을 점령하고 꽃 잠자리들도 날아 왔다

빈터는 조금씩 잡풀과 잡꽃을 채우고 빈민촌 오르는 산모퉁이에 국유지를 점령하고 여름 내내 무성하게 풀숲이 되었다

풀은 커가면서 작은 바람이 불어와도 잉잉거리며 울었다 달이 내려오는 날은 창백하게 풀 뼈를 꼿꼿하게 세우고 울었다 공지에서 풀들은 소리 내는 것은 울음뿐이었다 허탈을 벗는 일은 억새 같이 몸을 떠는 울음이었다

나비들의 산길은 이른 새벽부터 노동판으로 가는 사람들이 지나가며 가끔 쳐다보는 곳이었다 그린벨트경계석을 머리에 박고 시퍼런 수풀을 쓰고 새들을 기다렸다 날아가기만 하는 새들을 기다렸다

* 시인학교 추천시(2001.10.9)

지옥도(地獄圖)

내 심장은 분화구다 창생(蒼生)의 불덩어리 천만년전에 인력의 원점이 폭발하여 만들어진 구름을 밟고 내려와서 분노하는 내해 용출하는 뜨거운 욕망을 내 육신에 쏟아 넣는다 뜨거움을 견디며 육신은 혈소에 걸린 거미줄처럼 표준화되었다

내 심장은 자각의 백혈구와 분노의 적혈구를 섞어가며 혈류를 만들고 피를 운반하고 있었다 피가 관류하는 심장은 연옥이었다 내 육신은 피묻어있는 농축된 영혼의 피막을 벗기며 살려는 분노를 여과(濾過)하며 태초의 본능으로부터 부정되어 갔다

내 욕정은 신선한 산소를 먹고 있었다 할딱거리며 산소를 먹고 있었다 심장 안에는 배합된 성욕이 분배되는 작은 피톨을 굴리며 고환(睾丸)의 섬유질 속으로 내려가고 있었다 나를 잉태시키는 작은 우주를 축소하여 호르몬의 수억 마리 짐승을 빚어냈다

내 심장에는 야수와 천사들이 함께 섞여있었다 심장은 제일먼저 도적질하는 것을 보고 요동을 쳤다 심장은 두 번째로 사랑에 민감하게 고등을 쳤다 심장은 그렇게 작은 충동을 감당하지 못하고 울렁거렸다 심장은 눈을 달고 욕망과 분노를 가려내고 있었다

내 심장은 고뇌를 먹고 있었다 영혼의 소리들이 피를 감고 돌아다니며 언어를 생성(生成)하였다 예감의 강을 만들고 어둠과 밝음을 만들며 소리와 빛을 만들며 언어를 빚어냈다 이때부터 심장은 자정 되었다 물질의 질량으로 심장은 박동을 세었다 운명을 재기 시작하였다

내 심장은 불 바퀴처럼 타면서 끓어올랐다 타면서 죽고 일어나며 살아났다 불이 붙으면 고통의 욕정들이 사랑을 만들어냈다 재고처럼 사랑은 피를 묻히며 쌓였다 사랑은 심장에 깊숙이 피로 도금이 되었다 사랑은 이때부터 나를 지배하며 유일하게 내가 살아갈 수 있는 아름다움을 보여주었다

사랑은 심장 안에서 언어와 꿀을 만들어주었다 피는 점점 꿀이 되었다 꿀은 나에게 자각을 만들어내고 있었다 꿀은 자각을 빚었다 자아(自我)는 점점 무거워졌다 나는 사랑의 단맛의 무게를 감당하지 못했다

내 심장은 꽃술처럼 꿀을 감추고 있었다 쾌락의 꿀이 혼돈의 강으로 흘러갔다 강의 피안에는 환각(幻覺)의 꽃이 피었다 꽃은 욕망의 입으로 나를 먹기 시작했다 나를 독식하는 영혼은 육체를 들락거리며 생욕(生慾)을 발라먹었다 내 척추와 뼈는 점점 욕망에

박제되어갔다 내 심장은 지옥(地獄)이었다 내 살을 발라내는 지옥이었다

내가 투옥된 인력의 우주선은 지옥을 끌어가고 있었다 별들의 묘지 하늘로 끌어가고 있었다 소멸의 생체실험실에서 나는 해부되고 있었다 내 육신에서 쓸모없는 사랑을 발라내고 있었다 죽도록 사랑하며 슬퍼한 사랑을 발라내고 있었다

* 스토리문학관 이 달의 작품(2001. 4)
* 작가네트 월인천강지곡 선정작(2001. 6. 15)

강은 나를 매일 버렸다

강물은
모래 언덕을 만들며
꽃둑 안에서 흘러갔다

노을은
강을 도장(塗裝)하며
넘쳐흘렀다

강은 그렇게 혼자서 충만했다

노을이 나에게 꽃 강으로 다가올 때
나를 데리고 멀리 가는 것이라고 생각했다

그러나 강은
내 첫 사랑의 유보(留保)처럼
나를 강둑에 매일 버렸다

* 작가네트 주간 베스트(2001. 7. 4)

망해사 점묘(望海寺 點描)

만경강 하구에 발을 딛고
물드는 노을
심포항 갈매기 너울이며
공허를 메워도 바다가 그립다

외야미들 돌아
망망대해 고군산열도(古群山列島)
먼 바다는 아직 다가서지 않고

진봉산 기슭 노을을 접어
날마다 옷 해 입고 뜬 배
망해사

풍경 뗄렁이며 울어도
울음 끝나지 않는
바다가 더 그립다

* 스토리문학관 동인지 『지평선』(2001. 11)
* 작가네트 월간 베스트(2001. 11)

2월이 슬픈 것은

2월이 슬픈 것은 입춘을 넘어
언 강을 깨고 오는 버들개지 떨고 있는
추운 내가 풀리는 소리가 있어 그렇다

개살구꽃 아무렇게 피어나면
절 길 환하게 밝혀주어
속세 인등(引燈) 꽃 같아서 그렇다

우는 것은 절 단청에 매달린 풍경
솔바람에 맞아 우는소리 더 슬퍼서 그렇다
언 강의 어고(魚鼓)소리 스님이 다독이는 마찰음
그 소리 내 발걸음 같아서 그렇다

2월의 태양은 반쯤 옷 벗고 나오려고
기웃거리는 목련의 속살 만 보여주어 그렇다
추운 겨울을 참지 못해 빨갛게 입술 터트린
동백꽃 골목길에서 만난 선술집 여인의
짙은 화장 끼 입술 같아서 슬프다

흙담아래 화초밭에서 발아를 기다리고 있을
타르타로스(tartaros)의 긴긴 2월의
모든 꽃들이 유혹이어서 그렇다

그녀도 내게 처음으로 사랑을 눈뜨게 한 것은
2월의 눈빛 아니었나
도무지 알 수 없는 미상(迷想)의 문만
조금 열어준 것이 첫 사랑 같아서 그렇다

앓는 소리만 강속 돌에 눌려 있는
2월은 그렇게 서툰 유혹이어서 그렇다

* 시인학교 베스트선정(2003.2.12)

자화상(自畵像)

나는 작은 갓난아기로 이 세상에 태어나서 이렇게 늙어갔다 내 젊은 날은 너무나 고독해서 내가 이렇게 늙어 가는 줄도 몰랐다 내가 늙어 가는 순간 나는 이 세상이 자꾸만 낯설어져 갔다 비애의 강은 나를 데리고 흘러갔다 이르려 해도 그 끝은 없었다 이르면 다시 출발하는 명멸의 강이었다

나는 흘러가는 강물처럼 내 영혼의 강으로 스며들며 넘지 못할 때는 구름처럼 떠돌아 흘러갔다 이 세상은 시련의 강이었다 강을 건너가면 또 다른 노호의 강이 있었다

삶의 울타리를 돌면서 나는 물레방아간의 돌매처럼 살을 갈아내며 살았다 내 슬픔은 맷돌 사이에 끼어 서로 맞물려 응징의 고통을 갈아냈다 그래도 오뇌의 고통은 갈리지 않았다

돌매를 끄는 소처럼 나는 원을 그리며 항상 같은 거리를 왕래하며 살아야했다 인생은 매일 반복하는 원이었다 인생은 원의 둘레를 도는 것이 전부였다 그 원은 매우 무료하고 고독했다 어떤 때는 우울하고 괴로웠다 나는 짐승처럼 반복의 굴레를 돌았다

그 원의 접점 안에서 조금씩 인생의 맛이 갈려나왔다 맷돌에서 비비적거리며 인생의 참맛이 갈려나오기 시작하였다 내가 젊었을

때는 조그마한 인정이 갈려 나왔다 조금 더 나이를 먹으면서 이 세상의 슬픔을 갈아주었다 더 늙어 가는 장년이 되었을 때 나는 원을 돌아가는 별이 되었다

나는 늙어 가며 조금씩 이 세상의 쓸쓸한 곳에서 피어나는 꽃들의 소생 같은 즐거움을 얻게 되었다 가슴 깊이 숨어있던 고독이 갈려 나왔다 생명의 환희와 존엄의 보석들이 하나씩 내 사랑의 진흙 밭에서 반짝거렸다 그것은 빛과 소망이었다 꿈이었다 인생은 영혼의 눈 뜸이었다 늙어가면서 검은 머리카락이 희게 되듯이 내 추상도 바랬다

나는 사랑에 눈뜨기 시작하면서 내 영혼이 점점 비어 가는 것을 알았다 영혼은 점점 작아졌다 내 심장보다 작아졌다 나는 고통의 눈물을 흘리며 사랑으로부터 몽상을 하나씩 뜯어내기 시작하였다 벗기고 뜯어내도 사랑은 점점 내 안으로 소멸해갔다 빛처럼 반짝거리며 두려움의 열섬이 되었다 용암으로 흘러내린 사랑의 흔적은 내 머리칼에서부터 발끝까지 나를 덮고 흘러내렸다

사랑은 나를 늙게 하였다 만물의 순응처럼 나는 나에게 순응하였다 내연의 분화구에서 폭발한 영혼의 불덩어리가 나를 발가벗긴 육체를 만들었다 내 몸에 사랑을 덧칠하며 페인팅하여 숨기려 해도 나는 늙고 말았다

사랑은 수 없이 내 영혼의 무덤에 묻혔다 늙어 가는 내 육신 곁에서 내 슬픔도 여위어 갔다 나는 늙으면서 내 고독도 늙어 갔다 내 머리칼처럼 작은 행복이 보일 때 나는 더듬거리며 그 행복을 잡으려고 안카님 썼다 열 수 없는 보석 상자처럼 나는 늙어 버렸다

* 작가네트 주간 베스트(2001. 7. 26)

명동 성당(聖堂)

서울은 바리케이드 천국 도로를 차단하고 중앙청을 차단하고 을지로 종로 한강다리 어느 사이 꽃이 만발한 윤중로를 차단하고 도처에 자유의 목을 꾀어 놓은 쇠꼬챙 바리케이드는 우리들의 불심검문의 언어가 되었다

그 방파제를 넘어 군중은 물결처럼 반란으로 덤벼들었다 꼬여죽고 맞아죽고 기절하여죽고 화염병의 불길에 이글거리며 혼신의 탈출을 하는 군중들 자유의 처절한 쟁탈을 위해 바리케이드를 사이에 두고 공방했다

텐트를 들고 달려간 작은 언덕 명동성당 앞 차가운 단식의 돌계단 위에서

시름 거리며 앓아누운 자유의 동체를 끌어안고 체온으로 덥히며 울었다

아 영혼의 혼백으로 울었다

자유의 성지 손가락 잘린 자유 눈먼 자유 심장판막의 뇌사 되어 있는 자유

간질의 자유를 메고 응급실 명동성당으로 달려왔다

마리아님의 동상 앞에서 겸손이며 자존을 버리고

자유의 동체 하반신이 마비된 자유를 메고 왔다

자유는 어데 있나 우리에게 신성한 자유를 다오
자유가 은닉된 명동의 작은 언덕
총과 칼로도 노획이 불가능한 노숙의 자유를 메고 와서
텐트를 치고 혁명 앞에 빨간 머리띠 두르고 엎드려있다

밀실에서 자라던 자유 믿음이 벗겨진 자유 파산의 자유
그 유체들은 아이엠에프 불신의 옷을 벗어 던지지 못하고
오만의 복수와 칼들을 휘두르며 그토록 오랜 세월을 신주처럼 믿어왔던 신용을 작두질한 치욕의 정치망(定置網)에 걸려 버둥거린다

거리로 내몬 노숙들은 번화한 지하철통로에 신문지를 깔고 누워서 이 세상을 거꾸로 본다 냉기를 깔고 누웠다 엄동의 극한을 베고 누웠다 아이스 바의 자유를 몸에 품고 녹이고 있다 오욕(汚辱)을 분신해도 타지 않는 육신 경멸로 도금한 통행로 서울의 지하도는 침전하고 있다 지진대의 판각을 뜨며

혁명은 늘 빈곤에서 일어나며 혁명은 늘 자유에서 일어나며 혁명은 늘 소외에서 일어나며 그 토막살해의 처형장에서 알리바이를 증명하는 혁명은 우리들을 향해 걸어왔다 도도한 물결을 헤치고 걸어왔다

자유의 유고(有故) 반기(半旗)의 플랜카트를 들고 행진해온 혁명 전사들
성당의 파이프 오르간이여 울려라 장엄하게 울려라 종루의 종이여 울려라
서울을 울리도록 울려라 쇠 울음으로 울어라

명동성당은 섬처럼 자유를 정박시켰다 자유의 붕괴선 바리케이드 그 너머에 숨어있는 자유 총과 칼이 도열한 마리아님 동상 앞
어쩌다 우리들은 이 섬으로 도피한 보트 피플이 되었다

우리들의 자유는 혁명이 올 때마다 명동으로 데려 갔다
서울의 섬 명동성당
그 섬에는 늘 꽃이 피었다
혁명의 꽃이 피었다
자유의 꽃이 피었다
지순한 사람들의 꽃이 피었다
붉은 핏발의 사람 꽃이 피었다

* 작가네트 월인천강지곡 선정작

적색 보도블록

사람들은 나를 밟았다 길 위에 늘어선 단순 무늬의 내 건반을 밟았다 나는 사람들이 걸어가는 모습을 새겼다 원음의 도보 음을 새겼다 가해의 도시 바닥에 몸을 뉘이고 밟혀도 그냥 누워 있었다 누워서 지나가는 사람들의 심장에 쿵쿵 돌멩이 소리를 들려주었다

함성이 골목 안으로 밀려들어오던 날 사람들의 발자국 소리를 들었다 뛰고 달아나는 피투성이의 소요 그 난장의 발자국들이 요란한 극한을 밟으며 도주하였다

날카로운 핏발선 사람들의 숨소리가 거세졌다 죽일 놈들 아! 저 죽일 놈들 제 마음대로 만들어놓고 따라오라는 21세기 박해의 법률 르네상스는 이미 저들 앞에서 죽었다

나는 사람들에게 몸뚱어리를 내주었다 사람들은 나를 뜯어먹기 시작했다 사람들은 내 뼈를 들고 대들었다 화염병이 난무하는 명동에서 을지로에서 종로에서 뜯겼다

죽음을 향해 돌진하는 시위대들은 맨손으로 나를 뜯어냈다 피투성이가 된 손가락으로 땅에 박힌 나를 뜯어냈다 춘투항쟁 죽음의 칼날 앞에서 나는 뜯겼다

사람들은 삶의 몸살을 앓으며 덤볐다 사람들은 나를 뜯어냈다 뜯긴 나는 춘투의 현장에 던져졌다 춘투의 결사대에 의해 나는 쌍방향으로 날아다녔다 나는 적과 아군을 잃었다 서로의 몸뚱이에 피투성이의 구멍을 냈다 서로의 빛발선 눈깔을 먹었다 악발들은 서로 실명하였다 사람들의 발악은 종신형을 받았다

끝까지 미결된 시위대는 보도부록을 밟고 보행의 넓은 집행유예의 도시로 떠났다 플라타너스가 깔깔하게 메말라간 도심의 협곡을 따라 도시 칩 속의 회로를 따라 들어갔다

파워의 버튼을 설치하고 리셋의 버튼을 설치하고 안전핀을 설치하고 빈 깡통 같은 도시 내부의 보도 부록을 밟고 걸어 들어갔다

신호등이 겹겹이 삼엄한 경계 태세를 하고 있는 춘투의 도시로.

* 작가네트 글빛문학회 동인지(2003. 3)

귀가

도시는 원이다 나는 아침에 나가서 저녁에 내 집으로 돌아온다
나는 총알택시를 타고 귀가한다 공포는 원이다

아내는 빈집의 꽃밭이다
아내는 빈곤한 내 관심의 애정에 찌처럼 떠있다

유휴지처럼 빈 월급봉투를 받아드는 날
봉급은 온라인 통장으로 불입한다
은행계좌에 나는 애정을 이체한다

나는 친구들과 술 한 잔하며 다시 외상을 긋는다
그리고 노래방에서 내 외항의 먼 바다를 향해 간다
돌아오는 길은 늘 일정하다 조금씩 회로가 바뀔 뿐이다

단말기의 잔액조회기 처럼
아침에 아내가 나를 확인한다

아내가 주는 원액의 녹즙을 마신다
푸른 이끼의 비타민으로 빈 내장을 채운다

나는 다시 일상의 탄핵소추의 갈증으로 돌아온다

* 작가네트 굿모닝 시(2002. 6. 3)

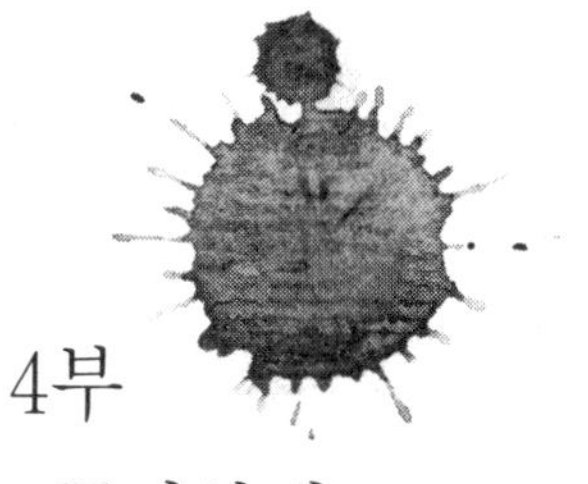

4부

바람은 꽃이었네

연어의 귀소(歸巢)

남대천에서 치어들은 방류의 물살을 헤치고
동해의 짜디짠 바다에 머리를 내밀고
갈증의 소금 끼에 몸을 절이며
바다와 익숙해지기 위해 알래스카 태평양의
넓은 해심으로 들어갔다

바다의 굴절을 뒤지며
어장의 플랑크톤과 섞여서
떼죽음 당하는 치어들의 잔뼈를 수장하며
연어들은 해도의 긴 여로를 따라서 도주하였다

태양이 자외선을 타고 들어오는 굴절의 바다 밑은
언제나 수초와 불가사리들의 은거지
외계에 착지처럼 중력을 부리로 뜨며
은어들은 해도를 기억하며
캄캄한 바다에 길을 만들었다

콘크리트 어초(魚礁)의 어두운 바다 방에서 살다
침몰선 유리창을 뚫고 비어있는 침실에서 은거하며
해초가 일렁이는 바다 숲에서 숨어서 살았다

무인도가 보이는 연안의 정치망을 피하여
모래 속에 몸을 숨기며 몇 달을 견디며
밤마다 안개 속에서 반짝이는 간데라 등대 아래서
점멸하는 육지의 해저케이블 전파신호를 들으며
은어들은 넓은 바다에서도 두려움을 부리질하며 살았다

절반의 바다에서 절반은 수초에서
은어들은 끝까지 살지 못하고
은어들은 산란의 통증을 앓으며 무거운 몸을 끌고
짠물을 토하며 자궁의 민물로 뛰어들었다

온몸으로 거역의 강을 깨며
은어들은 죽음에 이르렀다
태초의 발원지에서 살을 벗어놓고
무소유(無所有)의 강에 귀소하였다

* 작가네트 명예의 전당(2001. 6. 8)
* 작가네트 5월, 6월의 월간 베스트 1위(2001. 5)

꽃둑

둑길을 노랗게 물들이는 꽃다지
냇물 흘러가는 개울 따라 뒤적이며 오는 봄
노란 민들레꽃 뿌리고
보라 제비꽃 풀밭에 머리 파묻고
둑을 타고 오는 봄

바람소리 굴러다니며
꽃불로 둑길에 수놓는 봄
누이 산 너머 꽃가마 타고 시집 갈 때처럼
고와지는 방죽 꽃둑길

꽃둑을 쌓아도 밀고 넘어오는 바람
봄이면 시샘처럼 다가와서
꽃둑을 쌓아주고 헐어주고

의문은 이맘때 더 커지지만
꽃과 바람처럼 앞과 뒤에서
꽃둑을 쌓고 가는 당신

얼마만큼 꽃둑을 더 높이 쌓아야
내 그리움 갇혀 있을까
당신은 꽃둑 같은 내 마음의 정치망(定置網)

* 작가네트 주간 베스트(2001. 6)

나 · 3

이 세상은 그물이었다
밟고 일어서려면 출렁거리는 수축의 오장(五臟)
달아 나타나려 하면 옥매드는 작살의 수심
깊이 빠져들면 더 내 발목뼈를 잡는
정치망(定置網)

수심(水心)을 포식(飽食)한 물고기처럼
근해 바다를 떠돌며
그물을 피해 달아나다 머리를 낀 채
발버둥 치며 억수로 발악을 하며
살아나려고 팔을 허우적거리며
등신의 춤 같은 어눌한 몸짓으로
이 세상을 비비고 살 때

내 몸뚱어리에서는 상사(相思)의 비늘이 하나씩 떨어져 나갔다
각질을 벗으며 유영에 필요한 매끄러운 몸을 만들며
나는 체면을 몸에 바르고 그물에서 조금씩 풀려나는
어류들처럼 빤질빤질한 육질의 오만을 덮고 있었다

비늘이 벗겨진 내 알몸은 점점 수월하게
이 세상의 그리움이 가장 깊은 곳으로 미끄러져 들어갔다
나오려고 하면 미끄러워서 나올 수 없는
깊은 신음이 소요하는 바다

해초들이 무성한 깊은 수심에서
헐떡거리며 앞뒤를 돌아보아도 너무 깊이
잠입한 용궁

유곽되어 있는 나는
알몸을 숨기려고 부끄러움을 찾았으나
그곳에는 아무도 알몸이 아닌 사람은 없었다

내 알몸은 그래도 부끄러움에 가려져 있었다
내 알몸은 미친한 내 그리움에 가려져 있었다

내 몸은 멸치들처럼 그물에 둥둥 떠서
팔딱거렸다
알몸을 부끄러워하며

* 작가네트 주간 베스트(2001. 8)

자유의 노제(路祭)

깃발 흔들면서 슬퍼서 노래 부르고 슬퍼서 고함치고 자유가 이것이라고 질질 개 끌고 가듯 거리로 나와서 만장 같은 깃발 흔들며 길거리 베고 스크럼 짜고 누워서 자유를 돌려 달라고 외치던 그날의 거리에는

노란 팬지꽃을 모종하여 거리장식 박스에 심어놓았다

자유를 외치던 사람들이 최루탄에 맞아서 쓰러지고 어떤 사람은 자유를 외치다가 의족을 해 달고 어떤 사람은 의안을 해 박고 어떤 사람은 보청기를 귀에 박고 어떤 사람은 의치에 보철을 끼어 박고 함성의 메아리 굴러오는 거리로 뛰쳐나가서 굴러다니는 자유에 깔려 죽기를 기를 쓰고 일어났다

데모는 흥미 같은 것이다

연극 같은 것이다

노제는 신촌로터리에서 광화문 네거리에서도 자유에 대한 실종신고를 한 사람들이 모여서 자유를 가둔 공범자와 자유를 끌어내리는 특공대의 싸움 같은 살벌한 깃발 흔드는 곳이었다

데모가 연일 벌어지는 난장판 서울은 자유의 난민촌

헐어내고 부수고 산비탈의 무허가 판자촌처럼

연일 자유가 기거할 속지를 찾지 못해

평화의 도시에서 노숙하는 자유를 끌고 와서
아직도 깃발 흔드는 빨간 띠 두른 사람들의 노제
꾸겨지는 비닐론의 깃발을 흔들며
노동자들의 거친 호흡이
데모 저지선 노란 띠 안에 있다

살고 싶다 데모 저지선 안에
거리에 옮겨 놓은 팬지꽃 박스 같은 노동의 자유
실업자의 박람회에서 친필로 서명하는
자유 「살고 싶다」를 풀어주어라

* 작가네트 베스트(2001. 5)

달맞이꽃

달맞이꽃 바람에 쏠리는
초례청(醮禮廳) 강둑에서
머리에 옥비녀 꽂고
가슴에 풀 옷고름 매고

달빛 뜸뜨다 취해서
가슴 풀어내는 달맞이꽃

아 달아 달아
달빛을 때굴때굴 굴리며
쫓아가던 바람 턱에 넘어져서
아물린 상처

금실 청실 달빛
매듭으로 얽기 설기
바람 골무 끼고 누비는
팔폭 비단 강

여울에서 울음무늬
수를 놓는 달맞이꽃

* 작가네트 주간 베스트(2001.7.6.)

눈빛만이라도

악수를 해도 나는 당신에게
아무 것도 전해줄 수 없구나

이 세상 좋은 것을 만지려고 해도
거친 것뿐이구나

악수를 해서 너에게
내 슬픔이 전해질까 두렵구나

다정하게 만나서도
가슴으로만 느낄 수밖에 없구나

내 거칠어진 손으로
당신을 위로할 수 없구나

내 눈빛만이라도 전할 수 있다면
정말 다행이구나

* 작가네트 작가들이 뽑은 시

후곡리 가는 길

남도 조계산 자락 깔고 누운 계곡을 따라들면
물빛으로 송광사 자운 빛 어린 주암 호수
물길 산길 모두 열어준 남도 천릿길

연산봉 어리어 흘러든 물길 따라 창포꽃 피었나
들녘 어디쯤 그리운 임 만나러가는 남도 길
송광리 바람 숲에 숨어 있던 들꽃 소복이 피어나서
얼굴 내밀고 안개다리 건너 놓아준 찔레꽃
하얗게 분내 어린 주암 호반

그립도록 먼 곳 후곡리 가는 길
절 빛내 어린 마을 호수 빛 어린 마을
꽃 빛으로 수놓은 남도 따라가면

서편제 소리울음 피어나던 선암사
태백산맥의 파발마 벌교 진트재 보성 율포리 봇재 차밭
득량만 간석지 따라 뻗은 남도 해안 따라 강진,
해남, 완도 이어진 길 해안선 따라 촉촉이 젖은 그리움

어디서 따라 왔나
절 풍경소리 샛길로 따라와서 울려주고

산딸나무 꽃 그냥 놓아두고
산새들 어디서 날아 왔나
산사 일주문 지키다가 어디서 날아왔나

들새들과 같이 들꽃을 심으러 간다
곱고 고운 남도자락에
님 만나서 그리운 정 꽃 심으러 간다

* 작가네트 오늘의 추천작품(2004. 5. 22)

골목길

골목길 낮은 담 안에서 밖을 향해
줄 장미가 가시를 내밀고 늘어져있다
월경이다

골목 안 CCTV의 감시 아래
골목은 깊이 잠입해 있다
골목은 간혹 확성기를 들이대고
채소를 파는 타이탄 트럭이 진입해서
요란스럽게 윙윙댄다

인터넷광고 물이 대문에
종이꽃처럼 나풀거린다
동네 깊은 곳에 석류꽃을 피우고
골목은 입을 다물었다

우편물이 투척될 때
조간신문이 던져질 때
툭 소리를 낸다
골목은 소리에 늘 아프다

대문이 잠긴 집 안으로
인터넷 회선이 거미줄을 친다
골목은 빨갛게 앵두를 듬뿍 달고
온라인 거미줄에 걸려 있다

* 작가네트 작가들이 뽑은 시

낙산사 가는 길

동해바다 멀리 솟아 오른 해의 명멸 안에 절 있구나
물빛 출렁이며 의상대 난간으로 올라오는 파도소리
바다는 죽도록 출렁이다 눕는다

낙산사 새벽 고운 빛으로 다듬어 내린 석가래 단청
오색 빛 출렁이며 종요롭다
바다가 지척이지만 물 안차고
바다가 닿아 있지만 갈 수 없는 망망한 피안

향 촛대에서 품어내는 향에 젖어 드니
꽃 피어나듯 니르바나 향에 젖는구나
뜻 있어 드니 내 속세 모르고 돌아누운 절

동해 구름에 떠 있는 운판
어고 소리 들리는 바다
쇠북의 팽만한 울음 먹은 법고 통
몇 번을 때려도 통째로 우는 종이구나

목각 부처님 발에 밟혀 뜰에 내려온 오뇌 밟고 서서
초롱 대에 흘러내리는 약수 한 모금으로
총총히 내 구린내 나는 속세 한입 가셔내니
환하게 빛으로 드네

지척이 속세 뿐
한발 앞이 천국이네

* 작가네트 작가들이 뽑은 시

종묘 앞 패러독스(paradox)

전국노조의 플래카드가 번쩍이며 행진한다 노무현 정권 각성하라 노동자를 더 이상 죽이지 말아라 마로니에 공원에서 종로 5가 4가 3가 광화문을 메운 노동자 군중이 군중에 섞여 외친다 데모와 스트라이크의 본산지 종로 통은 울분으로 혁명을 걸러낸다

그래서 노인들은 장기판을 들고 지하철 1호선 역구내로 들어갑니다 무임승차와 무임 임대를 하는 곳이지요 역구내는 콱 막혀있어서 오래 머물지 못합니다 그래서 노인들은 데모라 하면 치를 떨거든요 한가로워도 나무아래서 장기를 두어야지요 외로워도 사람들이 무료하게 앉아 있는 벤치에서 두어야 제 맛이지요 맛이 없어요 살맛이란 그런 게 아닌가요 소리지른 다고 되는가요 구두발로 밟아버린다고 되는 가요

난세에요 난세 돈 돈하며 돈 빼간 놈들이 거들먹거리고 정치하지요 돈 돈하며 400조를 빼간 신용불량자가 350만 명이지요 돈 돈하며 어쩔 줄 몰라 투기하는 자들이 1000조를 굴리며 건물 값을 비눗방울처럼 마구 부풀리지요 돈 돈하며 살인하지요 돈 돈하며 은행은 빚더미에 올라있지요 신용은 땅에 떨어 졌어요 서로 믿고 의지하는 신용사회가 다 깨졌어요

깨진 거울을 들여다보는 상이에요 너나 할 것 없이 믿지 못하는 세상이군요 종묘 앞 리어카 행상 노인이 말한다 세상에 한평생 이렇게 서울의 중심가를 가로막고 미친 사람들처럼 나대는 적은 없었어요 늘 불법이 자행되는 집회가 법을 웃기는 거지요 법은 이미 창고에서 썩었어요 그러니 누가 법을 지키나요 요령을 부리지요

세상은 난세에요 하나도 제대로 되는 게 없어요 선생님은 뭐 하신담 시를 조금 쓰지요 시요 박물관에 가면 볼 수 있나요 박물관에는 그림 도자기 궁중 패물 쇠꼬챙이 칼 같은 게 전시되던데 왜 그런 걸 하시지 칼이라도 만들었으며 단칼에 못된 놈들을 베어버릴 수 있을 텐데 예 시는 바로 칼이지요 보이지 않는 칼입니다

그럼 선생은 칼잡이시군요 돈을 많이 버나요 아니요 그런데 왜 그런 짓을 하나요 선생이 하는 일로는 난세를 어찌 할 수 없군요 리어카 장사하는 저나 같군요 그런데 저는 이래도 하루 수입이 꽤되지요 선생 수입은 얼마나 되나요 백순가요 백수가 무슨 시를 쓰며 거드름을 피나요 정신 나갔군요

지성이 깨졌다

혁명의 저울대 종로통을 메운 군중과 데모대 야유와 함성
확성기를 통해 발악하는 소리에 들리지 않는 지척에서
깃발만 펄럭이며 지나간다
상여꾼의 핏발선 노동의 함성
언제 정당화될 것인가
노동과 정치 그 대결의 모순이 깨지는 때는

역사는 노동을 먹고 정치는 노동의 땀방울을 먹는다
맬서스의 식비를 증가시키는 노동은 공생의 대치
절대 깨지지 않는 노동은 신성이다
기계도 노동을 먹고 움직인다
사회도 정치도

노동은 인간 존재의 옷이다
단순한 근육의 원력으로 일어서는 큰 힘이다

* 작가네트 오늘의 추천작품(2003. 11. 7)

다섯 평 하늘

내가 만나는 유리창 밖 하늘은 다섯 평 하늘이다

한 평에는 구름이 살고
한 평에는 새가 살고
한 평에는 낮달이 살고
한 평에는 나무가 살고
한 평에는 꽃이 산다

결국 내가 살 수 있는 하늘은 그들이 사는 틈이다
하늘 틈은 내가 사는 곳이다

하늘을 내가 가지려는 것이 도둑이다
손거울로 하늘을 잡아챈다 하늘은 반사다
하늘은 내게서 항상 달아난다
도둑질해도 하늘은 잡을 수 없다

문장대 오르는

시어동에서 문장대 오르는 길
오송골 길가를 누빈 고마리 꽃들의 놀이터
익모초도 꽃을 피우고

하늘빛 얽어 속리의 먼 별처럼
자주색 산꿩의다리꽃 피었다
참취, 뚝깔, 참나물도 꽃을 피우는
산 안의 꽃판에 바람 불어와서 꽃살에 찔려 죽고

천황봉 주릉을 따라 핀 산구절초 더는 갈 수 없어서
바람이 제일 많이 불어지가는 산등성을 따라
쓰디쓴 약효를 발라내는 구절초

돌 틈에 숨어살다 뼈를 발라낸 돌양지꽃
산을 비비고 오르려다 주저앉은 경업대에서
작렬의 태양에 사랑처럼 태워 빨갛게 익은 산앵도나무

입석대 부근에 기다리라던 산 판의 휘파람 소리
언제나 돌 뿌리에 얻어맞고 우는 그 접지에서
산을 한번 외롭지 않게 쑥부쟁이꽃을 피우고
바위떡풀, 은분취와 섞여 살던 백두대간

산판 했던 흔적 유적지에 송장풀 꽃을 피우고
녹두꽃 띄엄띄엄 자라는 주인 없는 밭두렁
칡꽃넝쿨 얽어있는 산길을 따라
속리산 오르는 길은 풀 무덤처럼 속속히 풀꽃을 덮고
전별의 꽃들 별꽃으로 반짝이는 속세의 끝

대목골의 삼가 저수지에 내려앉은 비로봉
물 뜸으로 떴나 오랜 세월 가다듬고 품어주어도 풀리지 않는
잔영
삭혀지지 않는 것은 속세의 그 빛처럼
아직도 산 안의 속세 그냥 떠있다

꽃 담 돌아서 갔네

비 오는 날은
누가 오는 발소리
문 앞까지 와서
신발 벗어놓고 돌아섰네

비 오는 날은
당신이 오는 발소리
오다 말고 총총히
꽃담 돌아서 갔네

낙숫물소리
처마 끝에 놓아두고
눈물 뚝뚝 흘리며
그냥 돌아서 갔네

너무 보고 싶어도

너무 보고 싶어도 당신이 미워집니다
안 그런 척 하지만 미워집니다

아인슈타인의 인력으로
제 그리움은 사과처럼 떨어집니다

그리움도 화를 내는 모양입니다
당신이 화를 낼 때 홍조 띈 얼굴 모습입니다

그리움도 반쪽씩 빨갛게 물들고 있습니다
사과나무 가지가 찢어지게 매달고 있습니다

빨갛게 다 물들면 누가 비틀어 딸 것 같습니다
누가 따버릴 것 같습니다

바람은 꽃이었네

바람은 꽃이었네
갈곳이 멀어도 들을 돌아다니며
어느 한쪽 물들이고 사는 꽃이었네

풀에 섞여 옹 매듭짓고 섞여 살다
오열(嗚咽)의 향기 흩어놓고
불어간 바람

불이 번지듯이 들에 번지고
물이 흐르듯이 강 언저리에 살다
머뭇머뭇 꽃을 피운 바람

무상(無常)의 들에 아로새긴 바람의 흔적
풀꽃처럼 바람만 있으면 피는 것을

눈여겨보면
바람은 풀 속을 들락거리며
정을 붙이고 살다간 꽃이었네

백담계곡 돌꽃

하늘도 내려와서
물속에 녹아 나려
돌꽃이 피는
백담계곡 수궁(水宮)

산 속 음영
물 징에 맞아
다듬고 빚어서
물빛에 뜬 돌꽃

님의 자비 꽃이 되고
돌이 되어
아
혼영의 물살
이승의 큰 강

찰나의 새순
하얗게 바랜 돌꽃

백련사[4] 복사나무 꽃피다

산길 따라 들면 새소리 파릇한 나무 이파리 뒤에 숨어 목을 튼다 바람을 틀다 발칵 뒤집힌 속을 내보인 봄 절에 오는 봄도 껑충 뛰어 오지 않고 처음에는 풍경 잡고 조용히 소리 내서 한 걸음 딛고 다음에는 양지 몇 평 펼쳐놓고 산등을 밀고 오고 다음에는 파릇한 봄나물 몇 포기 띄엄띄엄 놓아두고 오고 다음에는 소리 없이 다가서는 목련 환하게 꽃불 켜고 오고 다음에는 진보라 진달래꽃 그늘 펴놓고 산신각 둘레둘레에 모여와서 꽃불로 태우는 절산 환하게 매화꽃 피워놓고 꽃 향불 놓은 백련사에도 봄이 오지만 갇힌 이승 한 걸음 내딛기 어려워 부처님 손에 꼭 쥔 채로 좌불하여 있네 봄이 오는 소리 개울 물소리로 풀려나고 바람소리 나뭇가지 부딪는 소리 산새 우는 아련한 소리 얽혀 지르는 백련사 드는 길 꽃 불타는 고요 속에 소리도 삭혀지다 연분홍 복사꽃 설기설기 피어나는 순 빛에도 속속으로 든 속세 대웅전 문 닫혀 더 깊다 꽃이 펴서 속세 물들어도 단빛에 그만 절여내는 이승 밝은 빛 하염없이 붉히다 속절없이 붉히다 화무십일홍 복사나무 꽃피다

---

4) * 백련사 : 북한산 진달래능선 입구에 있는 절

별의 원점

혼돈의 원점 0
집합의 총체 0
분열의 개체 0

1X0 = 0
....
0X0 = 0

별들은 늘 새로운 어둠을 찾아 밝고 푸른 낭만을 전한다 별은 호수에 빠질 때도 있다 별은 전신주를 타고 내려 와서 내 방안에 갇힌다 별은 산등에서 나뭇잎을 먹고살기도 한다

내 침실의 창문을 통해 별은 인터넷을 타고 들어온다 추적과 야망의 먼 곳을 축지(縮地)한다 거리를 좁힐수록 별은 0으로 환원한다

별은 개별적일 때도 빛난다
집합일 때도 더 빛난다

별신굿 오줌놀이

박꽃 하얗게 피어
담 위에 탐스러워지면
베적삼 속 작은 젖가슴 조금씩
검은 씨 보일 듯

뒤란의 달빛 문풍지에 스며 배어들면
초경꽃 피듯 아파오는 살구씨만한 젖가슴

꽃방문 치마폭으로 감싸고
옥문으로 이슬을 굴려내면
연자 물소리 개울 물소리

산꽃 따먹고 배 아파서 뒹굴며
달덩이 같은 네 살 속에 꽃방 차려 살자구나
아름아 아름아!

산 속속 바람 일렁이며 꽃피우고
산내 물보라 속에 무지개 띄워
그 계단 밟고 오르는
달을 따라 살자구나
아름아 아름아!

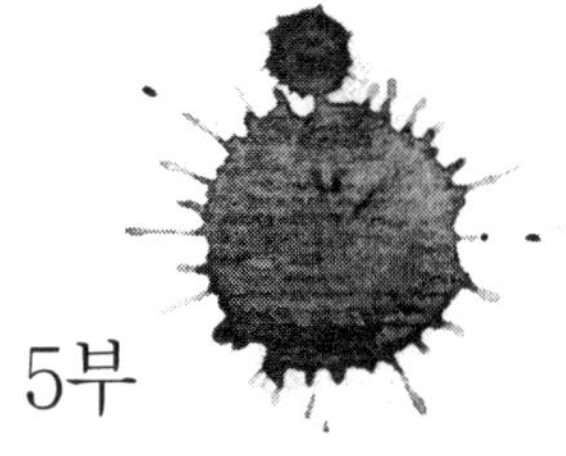

5부
꽃피는 소리에 풍경도 우네

봄 편지 · 9

봄은
내가 만들 수 없는 꽃 학을 만듭니다
하늘로 날아갈
꽃 학을 만듭니다

꽃들은 모두 날아갑니다
아름다운 곳을 만들어 주고 날아갑니다
여울물처럼 머뭇거리다가
날아갑니다

봄 편지 · 17

봄은 수화로 말해
꽃으로 손가락을 펴서
그것으로 알아들을 수 없을 때는
향을 피워 말해
그것으로 알아들을 수 없을 때는
누가 대신 들어
꽃술에 귀를 대고
나비가 대신 들어
뭐라 했나 물으면
나비도 말 못해
모른대
너무 소리가 작아서 말야
꽃은 말을 해도
낮은 소리로 해
낮게 더 낮게 말야

봄의 반지름

나는 줄넘기를 하듯 봄을 넘긴다
4월의 햇볕이 빛 줄을 잡고 돌리면
꽃들은 앵기발로 껑충거리며 뛴다
꽃나무들도 앵기발로 뛰어온다
벌판에서 달려와
담에 갇히면 목련꽃이 피고
산에 머리를 부딪으면 복사꽃이 핀다
강물에 몸을 푸는 아련한 매화향
연분홍 꽃물을 쏟아내고 흘러간다
봄은 컴퍼스를 돌리듯
내 주변에서 꽃을 피운다
봄의 반지름으로
4월은 수평으로 꽃 줄을 긋는다
내가 꽃을 밟을까 두려워
꽃들은 모두 나무 위로 올라간다

녹사평역 근처

지하철역 녹사평역 근처에
미8군사령부
삼엄한 한국경찰의 경비대
남산에서 내려오는 봄을 검문한다
언제 너는 노랗게 질려버렸느냐고
이라크파병 반대 시위대가
피켓을 들고 전쟁기념관에서
꽃들처럼 거리에 도열하여 피였다
붉은 띠를 두른 얼굴들은
결사반대를 외친다
꽃망울들이 터지려다
그 소리 듣고 머뭇거리며
나는 시위대가 아니라고
개나리꽃들이 봄 내를 발포한다
봄 콘타를 따라 꽃탄이 터진
해방촌 언덕에서 밀려오는
축포를 터뜨리는 취루의 3월
꽃탄에 나는 눈물을 훔치며
봄이 지나가는 녹사평역 근처에서
서울 독도 이태원에 쪼그리고 숨어있는
섬을 찾아 간다
모조품이 아닌 꽃이 피는 오후

꽃상여 · 3

산길이 멀어서
꽃상여 타고 가나
어허 어허
산새들 따라와서 같이 울고
메꽃 피어서 같이 울고
석양빛 노을도 한데 어울려
봉분 만들어 당신을 가두는
작은 언덕
어허 어허
가는 길이 멀어서
꽃상여 타고 가나
바람꽃 피어나서 없어지고
안개꽃 피어났다 살아지고
구름꽃 피었다가 날아가고
백마령 고개
할미꽃 피어나서 숨어지고
땅속 한자 깊이
그곳을 평생을 망설이다
어허 어허
꽃상여 타고 가나
산길 외길 돌아서 가나
어허 어허

나의 몽타주

작은 공간으로 나는 들어간다 갇히는 방이다. 벽이 충돌한다 자폐를 앓는다 벽면으로 접근한다 방이 있다 작은 방이다 우주가 그 안에 모여 있다

pc방, 노래방, 소주방에서 닭모이 같은 먹이를 쪼아 먹는다 벽 구멍을 통해서 노래를 먹는다 노래에 취해서 소리 지른다 인화성 스티로폼 벽에 갇힌다

게임방, 비디오방, 채팅방, 전화방에서 입에 맞는 사랑을 청한다 작은 방안에 모두 있다 요구하는 것이 모두 있다 사랑을 택배로 받는다 포장지에 쌓인 사랑을 뜯는다 비디오 된 사랑을 마신다

선율을 뽑아먹는다 선택한 코드를 먹는다 만화방, 세탁방, 편의방에서 나는 도피한다 방으로 도피한다 사각의 작은 방안으로 탈주한다 원룸방, 러브호텔로 탈주한다 누가 나를 따라온다 나는 숨는다 작은 방으로 숨는다 커튼을 친다 검은 커튼을 친다

끝까지 나는 지명 수배된다 누가 나를 체포하기 위해 추적한다 나는 자폐의 공간으로 탈주한다 방으로 도피한다 나의 현상수배 몽타주가 벽에 걸려있다 도주할 수 없다 나는 방에 갇힌다 방은 나의 유배지이다 도주할 수 없다 탈주는 계속 수배된다 나의 방은 나를 몽타주한다

나는 아무 데도 도피할 수 없다

나의 반지름

내 그림자는 늘 나를 모방합니다
나는 반지름으로 원을 그립니다

반지름은 두 개의 점을 소유합니다
정지 점과 동작 점

당신은 정지 점이고
나는 동작 점입니다

끝까지 따라가도
당신은 원 안으로 숨어버립니다

당신은 내 팔 길이만큼의 반지름으로
원을 그리도록 했습니다

빈 점을 향해
파장의 무늬만 그려주고
원은 늘 팽창하며 없어집니다

꽃은 바람의 상처인가 봐

꽃은 바람의 상처인가 봐
밖으로 부대끼는 걸 보면

꽃은 유혹의 섬을 만들고
잔인한 아름다움에 갇혀

날개가 있어도 날지 못 하는가 봐
날숨들숨 가쁘게 향으로 숨을 쉬며

그래도 바람에 갸우뚱하는 걸 보면
꽃은 바람의 상처인가 봐

나의 키마이라(Chimaera)[5]

내 몸뚱어리 절반은 비게질의 성욕으로 채워지고 배설해도 잉여의 비만으로 이루어진 육질 죽을 때까지 이 세상에 비등하는 오욕을 핥아먹으며 짐승처럼 식욕을 탕감하지 못하는 육욕의 근육질 나는 하급동물과 다른 윤리의 옷을 걸치고 있을 뿐 가면의 옷을 벗으면 벌거숭이의 수치로 둘러싼 포장된 영혼 야욕을 밟고 일어선 표호(豹虎)하는 짐승

아 사랑의 족쇄(足鎖)에 꿰어 사랑 하나 다루지 못하는 키마이라여 내 영혼의 혼돈에 불 지르는 야욕의 불덩어리여 영원의 굴레를 돌며 탐닉의 마약 사랑을 몇 만 번이나 몸속에서 불태우던 불의 화신이여 불덩어리 속에서도 타죽지 않는 키마이라여 사지는 오만의 날개와 입으로 이루어지고 생각은 악의 잔인과 모멸의 이빨로 이루어졌구나 이 괴물의 순명을 위하여 아 그대 아폴론[6]이여 사랑을 위해 끝없이 노래를 불러 주소서

---

5) * 키마이라(Chimaera): 영어로는 키메라, 사자의 머리, 염소의 몸통, 용 또는 뱀의 꼬리로 이루어진 괴물의 신으로 입에서는 불을 뿜어냄

6) * 아폴론 (Apollon) : 태양의 신. 궁술(弓術)과 예언과 음악의 신, 아폴론은 침착하고 차분했으며, 많은 님프와 인간들이 그를 사랑했음

꽃피는 소리에 풍경도 우네

어느 사이
민들레 밟고 오는
절의 봄

길이 보이지 않아도
꽃 피는 소리 듣고
풍경이 운다

밭두렁 논두렁
송림을 따라
하루에 몇 발자국씩
꽃길을 튼다

그러다 한순간
온 절에 꽃이 피면
풍경인들 울지 않겠나

농약 먹고 죽은 가을

1.

가을은 풍요해도 산과 익을수록 속으로 아픈 거야 단풍나무 훌훌 떨어질 때 속으로 더 저린 거야 벌판에서 아무 말 없이 사라져도 깔깔하게 풀칼을 들고 가을은 쇠잔한 손으로 바람을 막아주었지 풀 날에 손을 베고 냇가 웅덩이에서 독풀을 바르고 달아난 가을은 들판 이삭을 주워 먹고 배고파서 도주한 거야

2,

병수 할아버지도 그랬지 논밭 다 팔아도 갚지 못한 빚더미에 올라 농약 먹고 자결한 거야 개처럼 달아나지도 못하고 죽은 거야 돈이 되지 못하는 농사 다 버리고 가을걷이 한참인데 태풍에 날린 비닐에 목을 감고 죽은 거야 가을도 비닐하우스에서 목 졸려 죽은 거야 도괴(倒壞)의 가을은 비닐하우스의 비닐을 날리며 발버둥 쳤지

3.

가을은 개천에 버린 농약 병 속에서 메뚜기처럼 말라죽고 말았지 농민데모가 한참인 9월 벼가 익는 계절에 피켓을 들고 야단인데 농약 냄새나는 논두렁을 지나며 벼에 파묻혀 자란 피를 뽑으려다 그만 쓰러진 거야 가을은 뇌사했지

4.

모판을 만들던 양지바른 곳에서 누렇게 뼈를 박고 황금 벼를 쪼는 새들이 침입하는 곳에서 허수아비는 건성으로 눈을 감고 있는 거야 WTO의 평등에 가을은 죽은 거야 뉴 라운드의 굴레에 말려 한국평야 대퇴부 손상으로 곡창지대에서 가을은 죽은 거야

4월 초파일

일주문 들어서
산길에 넘치는 모란꽃 단내
초파일 연등(燃燈) 달고
수국으로 꽃수레 치장한 절
석등에 연꽃 불 밝힌
영혼의 가비라성(迦毘羅城)
반야심경 독경에 대웅전을
밀고 오르는 열반의 배 뜨는 나루
절 뜰을 서성거리며
오욕의 탈을 벗지 못하는 나는
이름 석 자 적어 넣고 연등에 불 밝힌다
대웅전 돌계단에 닿은 봉축 꽃배에
내가 승선하기에는
아직 속세가 더 그립다
벌 받아도 내 마음에서
북처럼 울어주는 속세가 더 그립다
임이 치고 때리는 내 마음이 북이니
나는 저승에서 종루의 북이 되리
때리면 울기만 하는 북이 되리

가을 시뮬레이션

화인을 등에 찍고 나온 나뭇잎이
가을을 시뮬레이션한다

과수원 댁은 과일의 맛을 내기 위해
과일에 종이봉지를 씌운다
감금된 사과는 빨갛게 독을 올린다

방독면을 쓴 사과들이
꿀을 따는 혁명의 대치처럼
모조 암흑으로 체벌된다

당도를 올리려고
종이꽃 사과는 허울을 쓰고
빨간 유광을 시뮬레이션한다

더 크게 더 윤택하게
더 곱게 색깔을 내려던 종이사과는
가면을 벗고 목을 비틀린다

태양은 독재자처럼
사과에 라벨을 붙이고
인두질로 시뮬레이션한다

그냥 돌아서면 그 뿐이라 하렴

쪽동백 피어난 치악
여울 산사에 속세 한 줌
풍경으로 매달아두고
이승과 속세는 일주문부터
풀양지꽃 금으로 그어놓은
하천 건너 있다던 당신

사람들이 돌아서면 그뿐이라 하던 당신

개울 하나 건너 징검다리 저편에
산등만 더 크게 보인다던 당신
사랑은 가까이 다가가면
답답하게 앞을 가로막는
산등이라고 하던 당신

어쩌면 내 등에도 그런 꽃등 하나
지고 있을지 몰라
그 등에도 봄이 오면
타르타로스의 흙을 솟쳐
저절로 꽃이 피는 풀꽃이 있을지 몰라

그런 산등 진한 노을꽃불에
그냥 다 타게 놓아주렴
온산에 얼룩진 진달래꽃불로
속속히 저절로 타게 놓아주렴
그 꽃 피 먹고 흐르는 산 냇물로
한세상 슬픔을 삭혀버리렴

이 세상은 슬픔과 눈물
아무것도 혼자 힘으로는 택할 수 없구나
그냥 그것도 돌아서면 그뿐이라고 하렴

그것은 부재하다

그러한 것은 있지 않아요 이 세상에 혼자서 고독하다는 것은 그러한 것은 이 세상에 없습니다 고독하다는 것은 당신이 주는 것이기 때문에 이 세상에는 고독이란 있지 않는 것입니다 당신이 만들어 주는 것입니다 당신이 없으면 고독은 이 세상에 있지 않는 것입니다

고독은 그렇다고 불태워도 타지 않는 것입니다
고독은 버리면 더 고독해지는 것입니다
고독은 생각하면 더 고독해지는 것입니다
고독은 두려우면 더 고독해지는 것입니다
고독은 사랑하면 더 고독해 지는 것입니다

샤토네프의 포도주네

당신은
샤토네프의 포도주네

그리움은 당신이 빚어놓은
달콤한 언어이네

알 수 없는 향긋한
끌림으로 취하네

그립도록 다듬어주는 당신

산은 침묵하지만 산을 보면 오르고 싶어진다
하늘은 높게 보이지만 처다 보면 그리워진다
그것은 고독의 끝이니 그렇다
그것을 작게나마 삭혀주는 당신이
더 그리워진다

다듬을 필요가 없는 냇물소리는
저절로 돌에 부딪쳐서 아름다워지고
다듬을 필요가 없는 새들의 울음소리는
산바람이 다듬어주듯
당신이여 나를 그립도록 다듬어주는 당신이여

작품해설

한국적 정서에 시의 장작불을 지핀 시인

최현근(시인 · 스토리문학관 회장)

작품해설

한국적 정서에 시의 장작불을 지핀 시인

최현근(시인 · 목사 · 스토리문학관 회장)

나는 2000년 초부터 스토리문학관을 운영하면서 새로운 문학적 세계와 만나게 되었다.

누구나 작품을 쓰고 올리는 자유의 글 쓰는 공간을 제공한다는 점에서 초기에는 매우 인기가 좋았다. 가정에서 가사에만 매달려 살던 주부들에게 창작 활동을 할 수 있는 무대를 제공하였으며 나이와 상관없는 자유롭게 글을 쓰고 평가받는 새로운 인터넷문화권을 형성하는데 일조를 하였다. 그리고 문학지의 발간과 작가의 발굴에 힘을 기울여 오늘에 이르고 있다.

2000년부터 16년이 지나는 동안 발굴한 작가들의 등장과 그 역할은 한국문학을 살찌우는데 크게 기여하고 있음을 가장 큰 성과로 볼 수 있다. 그중에서 서창원 시인은 스토리문학관을 개관한 초기부터 나와 교류하며 지내게 된 문학 동인이 되었다. 그중 가장 놀라운 것은 서 시인은 높은 나이에도 불구하고 정열과 넘치는 에너지로 시를 쓰며 작품 활동을 왕성하게 하는 모습에 깊이 감명을 받았다.

그런데 서 시인의 작품에서 나는 두 가지 놀라운 사실을 발견하게 되었다. 하나는 시가 젊어 있다는 것이다. 그리고 시의 장르나 형식을 어떤 틀에 매이지 않고 다양하게 전개하며 작품을 쓰고 있는 것이다. 이는 다른 작가와는 차별된 형식과 틀을 꾸미며 활동을 모습에 관심을 기울이게 되었다. 통념을 깨는 형식은 틀 만 아니라 시의 내용에 있어서도 번득이는 예지와 감성으로서 시를 쓰고 전개하는 데 같은 시인으로서 나는 부러움을 가지게 되었다.

그리고 객관적으로 시를 심사하여 이달의 시를 선정하기 위해서 외지의 작가를 위촉하여 심사하게 되었다. 그런데 서 시인은 한 달에 올라오는 초기의 수천편의 시중에서 이달의 시로서 선정되는 우수성을 보였다. 나는 점점 서 시인에 대하여 깊이 빠져들게 되었다. 시의 우수성을 객관적으로 평가해서 뽑힌 서 시인은 이미 작가로서 그 위치를 확보하고 있음을 16년 전부터 인식하게 되었다.

나는 더욱 놀라운 것은 서 시인은 대학에서 시를 전공한 정통파임에도 과거 40년간을 국가계획수립에 몰두하면서 한국의 근대화작업에 힘을 쏟아 부은 근대사의 역군임을 알게 되었다(국가상훈인물대사전 인물편에 등재). 이에 더해서 서 시인은 한국의 발전을 전개하는 데 필요한 발전 코드와 국토계획을 수립하는 열정을 보여 한국을 세계10위 경제 대국으로 발 돋음 케 할 수 있는 발판을 마련해 준 계획가라는 점에서 나를 한층 놀라게 하였다. 그는 말하기를 내가 시를 40년간 유보한 것은 나라가 너무 가난해서 내가 시를 쓰고 편하게 지낼 시간이 없다는 점에서 유보 하였다는 것이다. 그 유보의 긴 40년간을 압축하여 이제 한권의 시집을 발간한다는 서 시인에 대해서 나는 너무 자랑스러운 마음을 가진다.

「시골길」, 「그리움이라도 있어야겠다」, 「철거(撤去)」, 「홍등(紅燈)」, 「망해사 점묘(点描)」, 시골 천주교회」, 「지옥도(地獄圖)」"는 서 시인을 대표하는 시로서 스토리문학관 이달의 시로서 선정된 작품이기도 하다.

깻잎 톡톡 불거진 밭길
한밭 건너
빨갛게 고추 맵게 열리는
서당말

개울물 건너 갈 때마다
풀독이 든
개구리 뛰어나와
풀 속으로 숨는
질경이 박힌
길

푸릇한 대추
구슬을 꿰어 달고
한쪽씩 바람에 익어 가는
뒤란

옥수수
장승처럼 수염을 달고
하얗게 웃는 이빨
금이발
은이발
드러낸 시골길

- 「시골길」 전문(스토리문학관 이 달의 작품(2000. 8)

이 시는 우리나라 시골길의 풍경을 매우 정감 있게 그려낸 하나의 회화적 작품으로 시골의 어느 곳이나 개천이나 언덕을 넘어서 들에 들면 외진 곳에서 만나는 옥수수 밭이 있는 시골 풍경이다.

깻잎 톡톡 불거진 밭길이라는 표현에서 톡톡히 라는 형용사는 실체적인 깻잎이 자라고 있는 명상적 자태를 실물로 환치시키는 아름다운 언어의 해체와 같은 것이다. 그리고 풀독이 든 개구리가 뛰어 나와 놀래게 하는 충동을 받는다. 개구리는 적요한 시골길에서 만나는 유일한 생명체라는 점에서 자연과 소통하는 매체로서 우리와 친숙한 동물이다. 적요와 쓸쓸함을 메워주는 친근한 친구와 같다는 접근으로 시의 회화적 메시지를 잘 압축 표현한 것이다. 시는 누워 있는 것이 아니라 이처럼 동적인 움직임을 제공한다는 점에서 나와 자연이 호흡하는 생동감을 불어넣어 준다.

순녀야 네 눈빛 하나 건네 받아
해처럼 가슴에 뒹굴린 것이
이처럼 큰 호수 만들어 주었구나

하늘이 높아서 아무도 이르지 못하는 곳이면
그냥 푸른 호수 같기만 해라
하늘이 멀어서 가지 못하는 곳이면
땅에 번지는 금불초 같기만 해라

바람 살에 피었다지는
하얀 파지(破紙)같은 부레옥잠화 같기만 해라
내 안에서 못내 미워서 떠난다면
하늘을 돌아눕는 솔나리 같기만 해라

뭐
눈물 같은 대수롭지 않은 그리움이라도 있어야겠다
너무 서럽거든 나 홀로 간직하는
그리움이라도 있어야겠다

통 씻기지 않는 미움이라면
그냥 내 마음에 불륜으로 머물러
내가 죽도록 아등바등 뼈 속에 스며들어
내 살을 발라내는 그리움이라도 있어야겠다

풀밭에 자주 보라 섞어 피는 달개비 번지듯
내 마음에 그리움 설자리 없다면
무릇(野慈姑)대 바람에 삭는 풀꽃 같기만 해라

- 「그리움이라도 있어야겠다」(스토리문학관 2002. 8 이달의 시)

이시는 애증의 절창을 말하며 사랑을 마음에 번지게 한 순녀라는 일반적인 통념의 여인과 조우한다. 인간은 누구나 시한의 명확성이 아닌 불분명한 순간을 통해서 마음에 불을 질러 타게 한다. 열정이 아니어도 애정이 불확실해도 마음은 들에 번지는 불꽃처럼 활활 타듯이 그런 만남에 이른다. 눈빛을 통해서 이심전심으로 건네받은 감정이 싹이 트는 곳이 마음이다. 그리고 사춘기의 작열하는 주변의 꽃들이 장작이 되어 마음을 들끓게 하는 것이다. 이처럼 자연의 모든 꽃들은 장작불이 되어 마음을 불태워 주는 것이다. 그중에서 꽃을 지배하는 사람이 가장 커다란 장작이 되는 것이다. 여인을 통해서 프리즘하는 자신의 마음을 정립한 것이다.

"통 / 씻기지 않는 미움이라면 / 그냥 내 마음에 불륜으로 머물러 / 내가 죽도록 아둥바둥 뼈 속에 스며들어 / 내 살을 발라내는 그리움이라도 있어야겠다" 여기서 내 살을 발라낸다는 표현에 절창하며 그리움을 크라이맥스한다. 그리움은 살을 발라내는 것만큼 아리고 아플지 모른다. 그러면서 여유롭게 그런 그리움이라도 있어야 겠다 라고 자신을 위로하며 다시 그리움을 자아내는 자신 속에 다시 숨는다. 인간은 이처럼 자신의 욕정과 욕망의 밭에서 자라는 자생적인 감정의 열매로서 그리움을 감당하기 어렵다. 오직 인간만이 이 "그리움"이라는 에로스의 섬에 갇혀 살아간다. 섬의 섬 에로스에서 언제 풀려날지 모른다. 늘 섬이 아닌 육지를 그리워하는 인간의 원초적인 천국이 그리움이기도 하다.

언덕바지 풀꽃 담을 따라 올라 가면 다단계 판매망처럼 얼기설기 꼬인 골목길은 난민촌의 핏줄처럼 사람들이 밟아서 따듯해지는 길

낮에 뜨겁게 달아오른 난민촌 슬레이트를 타고 오른 박꽃 달이 뜨는 밤이면 저승사자처럼 하얗게 더 창백해지고

난민촌 집들은 굴뚝 하나와 연탄아궁이 하나 그리고 방 한 칸 여섯 식구들이 다리를 서로 꼬아 사타구니에 넣고 벽을 베고 잠이 들면 하루 밤사이에 발가락이 콩나물처럼 몇 센티씩 자라는 시루방

굴뚝으로 올라가던 연탄가스는 문설주 틈으로 새어들어 가랑이에서 새벽마다 성기를 발기시키고 그 좁은 방구석에서도 사람들의 윤회의 굴레를 만들어주는 난민촌

안개를 타고 무겁게 배를 깔고 가난과 눕는 연탄가스로 신경이 마비되어 사경을 헤맬 때 김치 국물과 동치미 국물을 마시며 연탄중독증을

토해내던 난민들

부종의 종기 같이 매일 노을 꽃이 피는 산비탈 판자 집
난민들과 같이 살던 달맞이꽃 산 60번지 국유지 동리

갈고리와 곡괭이를 들고 발가락을 불도저에 넣고 몸뚱이를 땅에 던지며 철거를 방어하던 난민들이 철거반원들과 대치하며 고성을 치던 그때
개새끼들 산비탈에서 어디로 가랴 하늘로 가랴
씹 할 놈들

난민의 에덴은 불도저로 밀어버렸다
도시는 가난도 밀어내고
앙탈도 밀어내고
도도한 슬픔도 밀어내고
갈고리와 쇠망치의 극한 대립도 밀어내고

봄나물로 몸을 보신하던 하얀 언덕
꽃들이 피어오르기 시작하면 더 배고파지던 언덕
국유지는 소유주에게 돌아갔다

환지의 10평
이 세상 10평에서도 서서 살 수 없는 공동구
난민들은 밀려나서 더 높은 공지의 빈터로 가야했다

- 「철거(撤去)」 전문(스토리문학관 2001년 12월 이 달의 작품)

이시는 우리나라의 도시문명의 한 단명을 적나라하게 표현하고 있다. 난민, 판자촌, 연탄가스 중독, 좁은 공간, 무허가 땅, 국유지점유 이러한 낮말에 숨어 있는 한국의 모습은 이루 표현할

수 없는 가난의 표징으로 60~70년대에 도시의 반이 판잣집으로 얼룩졌다. 삶의 불안정한 이 모습이 전쟁 이후의 우리나라 모습인 것이다. 세계에서 가장 못사는 나라 한국을 보는 시인의 눈은 남달리 그 아픈 흔적을 드러낸다. 서 신인이 이러한 한국 모습에 가만히 있지 않고 국토와 그 현장 그리고 100년 대계의 국가 계획을 수립하고 연구 하는데 온힘을 기울이며 일구월심 나라의 가난을 벗는 연구에 40여년을 헌신하게 된 것이다.

전쟁으로 인하여 해체된 고향과 등지고 새 정착지로 대도시 서울을 향해 농촌사람들이 몰려들었다. 판자촌을 이루기 시작한 60년대 이후의 가난의 표본실이 된 곳이 바로 우리나라 수도 서울인 것이다. 서울은 세계에서 유례없는 판자도시로 변모한 것이다.

"언덕바지 풀꽃 담을 따라 올라가면 다단계 판매망처럼 얼기설기 꼬인 골목길은 난민촌의 핏줄처럼 사람들이 밟아서 따듯해지는 길"라는 그의 시 「철거(撤去)」를 읽으면 "판자촌으로 가는 산길은 사람들이 밟아서 따듯해진다"는 '길'이라는 이 표현에서 우리는 스스로 마음을 데워야하는 자기완성의 회귀에 대해서 시인은 새로운 것을 발견한다. 나는 나를 위해서 길을 만들고 그리고 평온의 안주를 위해서 노력하고 관심을 가져야 한다는 것이다. 판자촌은 무허가이며 임시적이며 인간적 대접이나 어떤 인격적인 공간이 아니라는 점에서 그 환경으로부터의 탈출하고 싶은 것이다. 이 삶은 본질적으로 불안한 것이며 주거불안은 곧 인간의 심성적 불안으로 이어진다. 이 주거불안을 해소하는 대량 주거 문화를 위해서 한국은 과거 50년간 특유의 아파트문화를 만들었다. 세계에 어느 도시에도 유례를 찾아보기 힘든 아파트로

도시를 건설한 것이다.

“봄나물로 몸을 보신하던 하얀 언덕 / 꽃들이 피어오르기 시작하면 더 배고파지던 언덕”라는 구절에서 보듯 의식주는 인간 삶의 기본이며 기초적인 것이다. 그런데 이 기초적인 주거권 확보가 되지못한 것이다. 우리는 전쟁으로 가옥과 공장 등 많은 것을 잃게 된다. 입는 것과 먹는 것 그리고 주거지의 불안은 본질적으로 인간 삶의 기본을 흔들어 놓은 것이다. 이러한 환경에서는 어떤 현상이 존재 할 것인가. 꽃들이 피어오르기 시작하면 더 배고파지던 언덕이라는 표현에서 꽃과 배고픔의 이율배반적인 대치처럼 난민들은 도시와는 거리가 먼 판자촌에서 웅거한 것이다. 우리는 많은 시간을 보릿고개를 넘기 위해 무던히도 굶고 기다려야 했다. 시 철거는 이러한 우리의 슬픈 역사의 한 단면을 잘 표현해 준 것이다.

유독(幽獨)의 빨간 달이 구름다리아래 떴다 산사 불 밝힌 등이 아닌데 깊어있다 홍등 불빛 따라 들어가면 꽃처럼 예쁜 여인들 천사의 날개 달고 앉아서 날고 있다

그 홍등의 불빛을 하루살이들은 좋아했다 불빛의 유혹에 쉽게 넘어갔다 하루살이처럼 덤벼들면서 홍등의 불 가슴 먹고 죽어갔다 홍등의 유혹을 칼질하며 시퍼런 가슴을 떼어먹었다

유혹의 마루 지나 오르면 산이었다 깊은 산이었다 그 안은 불나비들이 춤추는 알코올이 흘러가는 깊은 강이었다 불 지르면 활활 타는 액체의 충만으로 넘실대는 강이었다 심지에 불붙이면 타는 꽃 심지였다 밝은 내연의 빛으로 뽑아 올린 심장의 심지에 불붙이며 타는 와사등(瓦肆燈)이었다

황홀한 강 언덕으로 날아 온 새들도 황홀함의 유적지에서 무화과나무를 심기 위해 부리로 명멸을 쪼아대고 있었다 울음으로 반주하며 공명의 울음을 토하며 날개를 파닥였다 날아갈 수 없는 외진 산에서 불빛을 털어 내며 날개 치고 있었다

냇물 흘러가는 아름다운 자연의 환희소리가 들려왔다 길고 긴 어둠의 종언을 향해 냇물소리 흐르며 밝은 속살 드러냈다
아름다움을 오열(嗚咽)하는 새들은 날개를 치며 날기 시작했다 날아도 떨어지는 추락의 새들은 추락을 물고 일어나도 다시 새들은 추락했다 홍등의 강으로 추락했다 붉은 황토 물 흐르는 강으로 추락했다

깊은 산 속으로 새들은 날아갔다 나무는 잎과 꽃을 피우며 날개를 달고 날아가는 새들보다도 더 많은 기쁨의 훈장을 달고 있었다 나무는 유혹의 꽃을 피웠다 새들은 날아가지 않고 꽃을 탐조했다 가지려고 해도 꽃을 가질 수는 없다 탐조했다

욕망은 채우고 비우는 것을 분별한다 산은 꽃을 피우고 열매를 맺는 것을 기쁨으로 채웠다 산이 깊으면 울음도 깊은지라 새들은 더 깊이 따라 들어갔다 산은 뿌리로 이어졌다

새들은 그 뿌리를 따라 더 깊이 들어갔다 그 안은 어둠이었다 그 줄기를 타고 새들은 다시 깊이 들어갔다 그 안은 절벽이었다 새들은 더 깊이 들어갔다 그 안은 추락이었다 새들은 다시 깊이 들어갔다 그 안은 빈 곳이었다 더 깊이 들어갔다 그 안은 연등절(燃燈節) 불 밝힌 입산금지 팻말이 붙여있는 산사 입구였다

나는 거기서 새가 되었다
벽화(壁畵)의 안쪽으로 날아가는 새가 되었다

- 「홍등(紅燈)」(스토리문학관 2001년 2월 이달의 작품)

홍등은 몸을 파는 여인들이 기숙하는 집 앞에 걸어놓은 등불이다. 유곽을 표시하는 밤 등이기도 한 것이다. 1960년대 이후 우리나라는 많은 사람들이 살아갈 직장이나 직업이 거의 없던 암흑기였다. 이 시대에 있어서 많은 여인들은 몸 밖에 돈을 벌 수 있는 것은 하나도 없었다. 몸으로 돈을 만드는 유곽이 넘쳐나고 독버섯처럼 번져간 것이다. 이 유곽이라는 촌락을 형성하면서 우리나라는 많은 여인들이 유곽촌에 기생하면서 새로운 유곽 문화를 형성해간 것이다. 유곽은 어느 시대 어느 도시에서도 흔히 발견되는 것으로 이를 제도화 하는 나라도 있지만 불법으로 여기는 나라가 더 많았다. 이 당시에 몸을 팔아서 생활하는 여인이 물경 200만이 넘는 다는 보고도 있다. 인구 4천만의 반이 여인인 2천만이면 200만 명은 10%에 해당한다. 열 중 한 명은 홍등에 갇혀 비참한 생활을 해야 했다는 뜻이다.

젊어서는 누구나 유곽에 대해서 관심을 가지게 된다. 사춘기를 넘어서 성인이 되는 절차에서 한 두 번은 경험을 하는 곳이기도 하다. 유곽이외에 필요악 같은 것이 사회에는 얼마든지 존재하게 된다. 그런데 이 유곽은 무허가 된 직업으로 남성들의 육체적인 욕구를 충족시키는 장소이며 처방전이기도 한 것이다. 인간의 본태적인 갈구 행위는 늘 이러한 불법적이며 비정상적인 방법에 의해서 해결되는 경우가 흔하다. 도박이나 술 그리고 아편 등은 인간이 접하는 쾌락적 수단의 한 방법이기도하다.

"새들은 그 뿌리를 따라 더 깊이 들어갔다 그 안은 어둠이었다 그 줄기를 타고 새들은 다시 깊이 들어갔다 그 안은 절벽이었다 새들은 더 깊이 들어갔다 그 안은 추락이었다 새들은 다시 깊이 들어갔다 그 안은 빈곳이었다"에서 보듯이 서 시인 스스로가 새가 되어 욕망이라는 산 즉 여인의 몸에 잠입한다. 그 곳은 어둡고, 절벽이며, 추락하는 언덕이며, 끝없이 잠입해 날아가도 목적지에 도달 할 수 없는 빈곳으로 연결되는 통로일 뿐이다. 육체적인 욕망은 절망이라는 엄숙한 결론에도 달한다. 인간의 간절한 욕망이 절망에 도달하는 과정을 그린 작품이 홍등이다.

만경강 하구에 발을 딛고
물드는 노을
심포항 갈매기 너울이며
공허를 메워도 바다가 그립다
외야미들 돌아
망망대해 고군산열도(古群山列島)
먼 바다는 아직 다가서지 않고
진봉산 기슭 노을을 접어
날마다 옷 해 입고 뜬 배
망해사
풍경 뗄렁이며 울어도
울음 끝나지 않는
바다가 더 그립다

- 「망해사 점묘(点描)」 스토리문학관 동인지 『지평선』(2001.11)

망해사는 만경강 하구에 접해 있는 바닷가에 있는 절이다. 이 절은 새만금간척지가 생기고 둑을 쌓아올리면 바닷물과 강물이 만나서 넘치게 되어 절은 바다 속으로 침몰하게 되는 시점에 놓이게 되었다. 노을이 비치면 날마다 노을로 옷을 해입고 뜬 배처럼 이 절은 출렁거린다. 어떤 위기에 당면하면 인간도 이처럼 모든 것을 포기하고 기다림의 먼 곳을 향해서 가야한다. 죽음이 곧 인간에게 주는 엄숙한 긴긴 기다림의 끝이라는 것이다. 망해사도 물이 차서 넘치면 바다 속으로 침몰해서 없어지는 절로서 만고풍상을 겪어가며 존재하던 절이 어느 순간에 수장의 운명을 맞게 되는 것이다. 절이 바다와 항상 같이하던 지척에서 바다는 절을 수장하게 된다. 이 어찌 풍경이 울며 바라보던 먼 바다가 그립지 않겠는가. 풍경을 달고 바닷바람에 울던 절이 끝내 그러한 손짓과 울음을 접고 소멸하는 것이다. 생로병사의 찰나를 보여주는 듯이 망해사는 소멸하는 것이다.

비탈길을 올라가면 무화과 열매 익는 초가을 푸른 하늘을 누르고 우뚝 천주교회가 솟아있다 밭 가운데 교회 탑 십자가에 구름이 걸려 하늘을 매어 놓았다

여름 잡풀에 둥둥 떠 있는 교회 이층 베란다 오르는 계단 갈라진 틈에 쑥대 민들레 꽃대 허망하게 날아갔다 종루에는 아침마다 울리던 교회 탑이 창공에 떠 있다

도시 구획정리로 밀려나는 일부 교회의 을씨년스런 철거지 퇴락의 가을을 향해 순수 믿음이 무성하다 불도저로 밀어내야 할 정원수 한 그루 퇴락의 가을을 휘어잡고 서있다

유리창에 새겨진 샤갈의 판화 그 찬란한 영혼의 메시아 낡은 색감에 조금씩 벗겨진 유리창으로 태양은 직선으로 햇볕을 내리 쬔다 빈 의자 위에 놓여 진 일요교회 예배 진행순서 타블로이드에 적힌 음계를 누르며 파이프 오르간이 연주되고 있다 웅장한 코러스 천사의 소리 멀리서

들려온다

종요로움을 풍선으로 매달고 솟아오른 시골 아파트 틈 사이에 십자가는 언덕 위에 오른 가을을 칭칭 감아쥐고 있다 천주교 꽃 뜰에 피어난 붓꽃으로 덧칠하는 교회 총총히 유자열매를 달아매고

수녀가 되고 싶었던 그녀가 꿈꾸던 푸릇함 아직도 말하지 않는 마리아님은 천사의 날개 두른 채 시골교회 풀꽃 동산에서 천주님의 말씀을 수놓고

불볕이 고추를 빨갛게 매설한 밭에는 가지 꽃 끝에 가을이 매달려 풍선처럼 부풀어있다

- 「시골 천주교회」 스토리문학관 2002년 9월 이달의 시 선정작

시골에 가면 밭 가운데 배처럼 떠 있는 교회를 흔히 만날 수 있다. 신앙의 찌가 땅위에 솟아나서 "비탈길을 올라가면 / 푸른 하늘을 누르고 우뚝 천주교회가 솟아있다 여름 잡풀에 둥둥 떠 있는 교회 이층 베란다 / 유리창에 새겨진 샤갈의 판화 그 찬란한 영혼의 메시아 낡은 색감에 조금씩 벗겨진 유리창으로 / 햇볕을 내리 쬔다. / 빈 의자 위에 놓여 진 일요교회 예배 진행순서 / 파이프 오르간이 연주되고 / 웅장한 코러스 천사의 소리 멀리서 들려온다 / 십자가는 언덕 위에 오른 가을을 칭칭 감아쥐고 있다 / 불볕이 고추를 빨갛게 매설한 밭에는 가지 꽃 끝에 가을이 매달려 있다"라고 말하고 있다. 교회는 자연 속에서 신앙의 말씀을 전하는 듯이 종탑에 걸린 구름이 잠시 머물고 교회를 둘러 싼 밭에는 불볕으로 고추와 가지가 여물어간다. 모두 침묵 속

에서 자연히 성숙되며 각각의 임무에 충실하고 있다. 교회는 가을 좌표이며 멀리까지 종소리를 전해준다. 만민의 믿음으로 타종되는 교회는 가을을 더 욱 살찌게 한다.

비탄의 언덕이 아닌 온갖 곡식과 과일 야채가 익어가는 땅의 훈훈한 온기를 품은 교회, 늘 내적 신앙으로 자연과 호흡하고 있다. 살아 있듯이 교회는 둥둥 떠서 흐르는 듯이 파이프 오르간을 연주하며 안락의 섬 마을에서 항상 신앙을 설교한다. 믿음이 확산되고 그 뿌리가 밭으로 이어져서 결실을 얻어내듯이 사람들과 소통한다. 고해성사하는 사람들에게 자유를 선사한다. 문득 그러한 예루살렘의 성지처럼 시골 교회는 땅을 은혜의 성지로 제공한다. 하늘의 메시아여! 종을 울려 퍼지게 하라 아! 소원하옵니다. 바램의 기도는 끝나지 않았다. 내가 듣고 있는 서 시인의 노래는 그러한 아름다운 선율로 다가왔다.

> 내 심장은 분화구다 창생(蒼生)의 불덩어리 천만년전에 인력의 원점이 폭발하여 만들어진 구름을 밟고 내려와서 분노하는 내해 용출하는 뜨거운 욕망을 내 육신에 쏟아 넣는다 뜨거움을 견디며 육신은 혈소에 걸린 거미줄처럼 표준화되었다
>
> 내 심장은 자각의 백혈구와 분노의 적혈구를 섞어가며 혈류를 만들고 피를 운반하고 있었다 피가 관류하는 심장은 연옥이었다 내 육신은 피묻어있는 농축된 영혼의 피막을 벗기며 살려는 분노를 여과(濾過)하며 태초의 본능으로부터 부정되어 갔다
>
> 내 욕정은 신선한 산소를 먹고 있었다 할딱거리며 산소를 먹고 있었다 심장 안에는 배합된 성욕이 분배되는 작은 피톨을 굴리며 고환(睾丸)의 섬유질 속으로 나려가고 있었다 나를 잉태시키는 작은 우주를 축소

하여 호르몬의 수 억 마리 짐승을 빚어냈다

내 심장에는 야수와 천사들이 함께 섞여 있었다 심장은 제일먼저 도적질하는 것을 보고 요동을 쳤다 심장은 두 번째로 사랑에 민감하게 고동을 쳤다 심장은 그렇게 작은 충동을 감당하지 못하고 울렁거렸다 심장은 눈을 달고 욕망과 분노를 가려내고 있었다

내 심장은 고뇌를 먹고 있었다 영혼의 소리들이 피를 감고 돌아다니며 언어를 생성(生成)하였다 예감의 강을 만들고 어둠과 밝음을 만들며 소리와 빛을 만들며 언어를 빚어냈다 이때부터 심장은 자정 되었다 물질의 질량으로 심장은 박동을 세었다 운명을 재기 시작하였다

내 심장은 불 바퀴처럼 타면서 끓어올랐다 타면서 죽고 일어나며 살아났다 불이 붙으면 고통의 욕정들이 사랑을 만들어냈다 재고처럼 사랑은 피를 묻히며 쌓였다 사랑은 심장에 깊숙이 피로 도금이 되었다 사랑은 이때부터 나를 지배하며 유일하게 내가 살아갈 수 있는 아름다움을 보여 주었다

사랑은 심장 안에서 언어와 꿀을 만들어 주었다 피는 점점 꿀이 되었다 꿀은 나에게 자각을 만들어 내고 있었다 꿀은 자각을 빚었다 자아(自我)는 점점 무거워 졌다 나는 사랑의 단맛의 무게를 감당하지 못했다

내 심장은 꽃술처럼 꿀을 감추고 있었다 쾌락의 꿀이 혼돈의 강으로 흘러갔다 강의 피안에는 환각(幻覺)의 꽃이 피었다 꽃은 욕망의 입으로 나를 먹기 시작했다 나를 독식하는 영혼은 육체를 들락거리며 생욕(生慾)을 발라먹었다 내 척추와 뼈는 점점 욕망에 박제되어갔다 내 심장은 지옥(地獄)이었다 내 살을 발라내는 지옥이었다

내가 투옥된 인력의 우주선은 지옥을 끌어가고 있었다 별들의 묘지 하늘로 끌어가고 있었다 소멸의 생체실험실에서 나는 해부되고 있었다

내 육신에서 쓸모없는 사랑을 발라내고 있었다 죽도록 사랑하며 슬퍼한 사랑을 발라내고 있었다

- 「지옥도」 전문(스토리문학관 2001년 4월 이 달의 시 선정작

심장은 사람이 태어나면서 피를 온몸으로 순화 시키는 장기이며 생명의 핵심이다. 생명은 이 심장으로 하여금 존재케 한다. 심장 안에는 피와 양심과 마음이 같이 공존하는 곳이다. 피는 영원히 생명을 지탱해주는 근원이며 양심은 점점 사회를 보는 눈을 통하여 변해간다. 피는 변하지 않지만 양심은 변해간다. 따라서 심장에 들어 있는 마음도 변해 간다. 불변과 변화사이에 내가 끼게 된다.

첫 번째는 "내 심장에는 야수와 천사들이 함께 섞여 있었다 심장은 제일먼저 도적질하는 것을 보고 요동을 쳤다 심장은 두 번째로 사랑에 민감하게 고동을 쳤다"라 말하는데 이처럼 심장은 사랑과 도적질이라는 소유욕을 탐하게 된다. 인간의 죄와 벌의 천형의 행위에 참여 하게 되는 것이다. 인간이 본능적으로 참여하게 되는 이 처연한 행위는 심장으로 하여금 인간과의 소통을 통해서 이루어진다. 소유와 사랑은 이처럼 심장에서 만들어 지며 행위 되는 것이다.

두 번째로는 "내 심장은 고뇌를 먹고 있었다 영혼의 소리들이 피를 감고 돌아다니며 언어를 생성(生成)하였다 예감의 강을 만들고 어둠과 밝음을 만들며 소리와 빛을 만들며 언어를 빚어냈다"라 말하는데, 서 시인이 다른 사람과 소통하기 위해서 언어와 말(言)을 할 수 있는 뿌리를 심장이 만들어주는 것이다. 말 뿌리

도 심장이라는 것을 발견한다. 인간은 다른 동물과 달리 언어를 소유하게 함으로 소통을 할 수 있는 특권을 부여받은 것이다. 언어는 곧 양심이며 나의 행적인 것이다. 말을 통함으로서 모든 행위에 책임을 지며 뉘우치기도 하고 반성하기도 하며 동물적 행동을 자제하며 인간으로서의 고등화되는 것이다. 이는 신체를 리듬으로 다스릴 수 있으며 아픔과 고통을 말 할 수 있어 치유가 가능하도록 하고 있다.

세 번째로는 "소멸의 생체실험실에서 나는 해부되고 있었다 내 육신에서 쓸모없는 사랑을 발라내고 있었다 죽도록 사랑하며 슬퍼한 사랑을 발라내고 있었다"라 말하는데 인간에게 가장 위대한 선물은 사랑이라는 것이다. 사랑을 통하지 않고는 고통도 고행도 또는 남을 돕는 일도 할 수 없기 때문이다. 이러한 사랑의 발견은 서 시인이 처음 발견한 것이 아니라 시적 영감으로서의 발현된 다른 의미의 내홍의 메시지인 것이다. 서 시인은 이처럼 심장을 부여받는 것이 어떤 절대적인 힘으로부터 나온다는 것을 말하고 싶은 것이다. 인간은 사랑을 통해서 행위되며 통제된다는 것이다. 인간에게 부여된 사랑이라는 신권(神權)을 심장에서 발견한 것이다. 이미 이러한 기록들은 철학서나 성경에 이미 존재하는 것일 지라도 다시 확인하는 것이다.

이처럼 서 시인은 다양한 장르에서 서정과 서사의 세계에서 살며 육중한 자기 침몰의 내해에서 고통을 부화하고 다시 깨우치며 일어나서 인간의 에로스를 찬미한다. 시는 생명의 울림이며 또한 사랑의 메시아라는 점에서 서 시인이 들려주는 시는 장엄하고 깨달음의 경지에 오른 명쾌한 소리의 찬연한 악보와 같다.

서창원 시인의 주요 경력과 국가계획수립

◈ 주요경력

○ 고려대학교 국어국문학과 졸업
○ 건국대학교 행정대학원 도시계획학과 졸업
○ 건국대학교 행정대학원 도시계획학회 회장
○ UNDP 일본 나고야센터 국토·지역계획 수료
○ 국토건설종합계획 심의회 전문위원
○ 경제기획원 경제사회발전계획 지역계획위원
○ 건설기술연구원 건설기술유통협의회 위원
○ 충청북도 도시계획위원
○ 충북개발연구원 선임이사
○ 국토개발연구원 자료실장
○ 국토개발연구원 수석연구원, 연구위원
○ 국토종합개발계획수립(1차. 2차. 3차 10개년국토종합개발계획)
○ 국토개발 및 도시계획 특급기술자
○ 국가상훈인물대전 인물 편 현대사의 주역 등재

◈ 주요 국가계획수립

○ 1979. 국토장기구상연구
○ 1982. 제2차 국토종합개발계획(1982~1991)
○ 1983. 대전 시범지역생활권개발 계획연구
○ 1984. 1992 제2차 국토종합개발계획의 추진실적평가(Ⅰ-Ⅸ)
○ 1885. 국토이용의 극대화방안 연구(Ⅰ)
○ 1986. 건설 25년사, 건설부
○ 1990. 국토개발의 평가와 과제
○ 1991. 도종합개발계획의 평가 및 수립지침
○ 1992. 도종합개발계획의 평가 및 감리
○ 1993. 충주호 주변특정지역지정 및 계획
○ 1993. 강원 고랭지특정지역지정 및 계획
○ 1993, 국토개발행정체계의 개선방안
○ 1994. 광역개발수립지침
○ 1995. 충주과학산업단지 개발계획수립
○ 1996. 도포로 보는 국토개발사연구
○ 1996. 지방화시대의 국토계획의 성격과 위상정립에 관한 연구
○ 1996. 국토 미래상에 관한 연구
○ 1997. 제3차 국토종합개발계획성과 및 분석연구
○ 1998. 도표로 본 국토공간구조의 변화

◈ 주요 국토계획수립 참여

○ 1962. 서울 -인천특정지역계획안 (62. 11 - 67. 12)
○ 1967. 대국토건설계획 안 (67. 1 - 12)
○ 1964. 특정지역계획수립(태백산. 아산 - 서산. 울산. 영산강)
○ 1967. 국토계획기본구상(67. 8 - 68. 12)
○ 1969. 제1차 국토종합개발계획수립(69. 1 - 71. 12)
○ 1972. 수도권기본계획수립(72. 2 - 73. 2)
○ 1974. 대도시인구분산정책(74. 11 - 75. 1)
○ 1976. 국토 및 산업입지계획(제4차 5개년계획)(76. 1 - 76. 12)
○ 1976. 반월신공업도시계획(76. 10 - 12)
○ 1977. 수도권정비기본계획(77. 7 - 78. 10)
○ 1979. 제2차 국토종합개발계획 수립(79 - 81)

◈ 주요 국가계획 타스크포스 참여

○ 1964. 제주도 자유지역 지정에 관한 연구(1964)
○ 1966. 제주도 종합개발계획 수립 (1966)
○ 1976. 신행정수도 연구(1976)
○ 1976. 신도시 입지설정에 관한 연구(1976)
○ 1979. 충청북도 종합개발계획 수립 (1979)
○ 1979. 충청남도 종합개발계획 수립(1979)
○ 1979. 강원도종합개발계획 수립 (1979)

○ 1985. 고속전철 파급효과에 관한 연구(1985)

◈ 상훈

○ 1970. 건설부장관 표창(제1차 국토종합개발계획수립유공) 건설부

○ 1970. 건설부장관 표창(모범직원) 건설부

○ 1971. 국무총리 표창(제2차 국토종합개발계획수립유공) 총무처

○ 1976. 부총리 표창(제4차 경제개발 5개년계획수립) 경제기획원

○ 1992. 건교부장관 표창(제3차 국토종합개발계획수립유공) 건교부

◈ 연락처

○ 휴대폰 : 010- 5359-3540

○ 집전화 : 031-818-3543

○ 이메일 : scw77@naver.com

○ 홈페이지 : http://cafe.naver.com/scw77

서창원 제2시집

공가에 피는 꽃

초판인쇄일 2016년 7월 11일
초판발행일 2016년 7월 16일

지은이 : 서창원
펴낸곳 : 도서출판 문학공원
발행인 : 김순진
편집장 : 전하라
디자인 : 김초롱
등 록 : 2004년 3월 9일 제6-706호
주 소 : (우편번호 03382)서울 은평구 통일로 633
녹번오피스텔 501동 302호 스토리문학사
전 화 : 02-2234-1666
팩 스 : 02-2236-1666
홈페이지 : http://cafe.daum.net/yob51
이메일 : 4615562@hanmail.net

※ 잘못된 책은 교환해 드립니다.

※ 책값은 뒤표지에 있습니다.